梁杰◎主编

读书那些事

给教师的阅读建议

Stories of Reading

江苏凤凰科学技术出版社

图书在版编目（CIP）数据

读书那些事：给教师的阅读建议 / 梁杰主编．--南京：江苏凤凰科学技术出版社，2017.4（2021.4 重印）
ISBN 978-7-5537-8158-7

Ⅰ.①读… Ⅱ.①梁… Ⅲ.①教师－阅读－能力培养 Ⅳ.① G451.6 ② H09

中国版本图书馆 CIP 数据核字（2017）第 080566 号

读书那些事：给教师的阅读建议

主　　编	梁　杰
责任编辑	吴梦琪
责任校对	郝慧华
责任监制	曹叶平　周雅婷
出版发行	江苏凤凰科学技术出版社
出版社地址	南京市湖南路 1 号 A 座，邮编：210009
出版社网址	http://www.pspress.cn
印　　刷	溧阳市金宇包装印刷有限公司
开　　本	700mm × 1000mm　1/16
印　　张	13
字　　数	139 000
版　　次	2017 年 4 月第 1 版
印　　次	2021 年 4 月第 4 次印刷
标准书号	ISBN 978-7-5537-8158-7
定　　价	36.00 元

图书如有印装质量问题，可随时向我社出版科调换。

序 言

教师应是最好的领读者

《中国教育报》的梁杰老师寄来她主编的《读书那些事》一书书稿，希望我能够写一篇序言。

翻阅了书稿，看到那一个个熟悉的名字和一个个熟悉的阅读故事，我愉快地答应了。因为，这些人和事，曾经感动过我，他们中间的许多人也是我在阅读路上的同行者。因为，作为国家全民阅读活动形象代言人，我清晰地意识到教师阅读的意义与价值所在。

我一直认为，在建设书香社会的过程中，有三个人群特别重要。一是父母，二是教师，三是领导干部。父母之所以特别重要，是因为家庭是真正的人的摇篮，父母是孩子最重要的首任老师，亲子共读是点燃孩子阅读热情最有效的方法。领导干部之所以特别重要，是因为领导干部的视野与胸怀直接影响到全社会所有工作的推进，而他们的视野和胸怀与阅读直接相关。同时，领导干部本身也是重要的阅读推广人，他们在言谈中或会议上推荐的书籍，会影响和带动全社会的阅读水平。而教师之所以特别重要，是因为学校是播下阅读种子最重要的地方，尤其中小学时期是孩子阅读兴趣与能力形成最敏感的时期，教师是教孩子学会阅读最关键的引路人。

2016年9月28日，我们在国家图书馆召开了首届“领读者大会”。领读者，其实就是真正的阅读推广人。用这个标准来看，这本书的作者们，从常生龙、李镇西、冷玉斌、徐飞到段伟、王木春、凌宗伟、吴奇等，每个人都是优秀的领读者。从他们的身上我们可以看到，成为一个优秀的领读者需要哪些基本素质。

首先，教师自己要成为一个真正的“读书人”，在阅读上自己领先一步带头读起来。对于学生来说，教师就是最好的引领。教师自己手不释卷，学生们才会嗜书如命。教师自己享受阅读，学生们才能趣味盎然。我一直强调，一个人的精神发育史就是他的阅读史，一个没有阅读的学校永远不可能有真正的教育，而一个不读书的教师也很难培养出读书的学生。读书能够帮助教师拥有教育的智慧。新教育实验主张教师要有“吉祥三宝”——专业阅读，站在大师的肩膀上前行；专业写作，站在自己的肩膀上攀升；专业交往，站在团队的肩膀上飞翔。其中，专业阅读是最基础最关键的行动。那些最伟大的教育智慧和思想，就在那些最伟大的教育著作之中。读书还能够帮助教师拥有教育的理想和激情。阅读那些教育家的著作，不仅让我们更好地理解教育，也让我们更好地理解教师职业，理解人生意义，为我们寻找“自我镜像”与“生命原型”，帮助我们更好地面对职业倦怠。

其次，教师要自己乐于阅读优秀的书，成为优秀的自己，引领更多人热爱阅读。领读者本身应该是一个优秀的读书人，懂得享受阅读的乐趣，懂得什么是好书，这样才能把这种享受和愉悦传递给学生，才能为学生推荐最优秀的图书。但是，教师不应该越俎代庖，包揽学生阅读的所有活动，也不能把自己的阅读趣味和爱好强加给学生。教师不仅要自己带头阅读，更要成为阅读的组织者与领导者，及时与学生分享自己正在阅读的好书，讲述那些曾经影响过自己的好书，帮助学生建立各种各样的阅读俱乐部，开展丰富多彩的阅读活动。

除了“师生共读”之外，教师作为领读者，还可以推动“亲子共读”，这也是一个行之有效的方法。新教育实验主张“共读共写共同生活”，我们认为只有如此才能拥有共同的语言和密码，共同的价值和愿景。所以，新教育的老师，尤其是班主任，往往会定期给父母写便签和书信，推荐亲子共读的书目，把父母带入与孩子一起读书的活动中，这也是培养孩子阅读兴趣的重要路径。

教师成为“领读者”，还有一个重要的方法，那就是教师自己的阅读共同体的构建。新教育实验强调的专业交往，其实就是希望教师能够以书籍为纽带，通过共同的阅读生活和共同的教研活动，一起与文本对话，一起与大师交流，一起切磋研讨，一起解决难题。如果在你的学校里暂时没有志同道合的读书人，那么，你的视野不妨放到更为广阔的世界，我们新教育实验就搭建了不少这样的读书交流平台，如新教育种子计划、新教育网络师范学院等。最重要的是，你应该在你自己的学校里努力去发现和培养同道中人。

有不少教师抱怨，自己周围没有阅读的氛围，一个人读书"好孤独"。其实，法国思想家马塞尔·普鲁斯特曾经说过："我相信就其本质而言，阅读是一个在全然的孤独之中，仍令人心满意足的沟通奇迹。"阅读，看似孤独，其实是置身在最丰富的精神世界之中。难怪古罗马的演说家加图说，他什么都不做的时候最活跃，他独自一人的时候最不孤独。

也有教师抱怨，自己实在太忙，根本没有时间阅读。我的观点是，做最重要的事情，总是有时间的。相对而言，教师的职业是比较辛苦的，教师工作的时间也比较长，但教师毕竟还有那么多假期，而且每天的安排具有一定的自主性，挤出一点时间阅读，是完全能够做到的。关键在于，我们要把阅读作为自己的生活方式，作为日常生活之必需，作为自己生命成长的"咖啡伴侣"。

教师作为"领读者"，就相当于一个优秀的导游，虽然他不能代替游客去观赏风景，但他可以把游客引到名胜之中，同时他自己则每天都能尽情置身于名山大川之中，呼吸着最清新的空气，享受着最动人的风光。

透过这本书，我们看到了中国教师群体中最优秀的一部分“领读者”的生活方式与生命状态，也让我们找到了人生的榜样与自我镜像。从现在开始，我们不妨也像他们那样，享受阅读，做一个快乐的读书人，做一个称职的“领读者”！

朱永新

2017 年 3 月 20 日

前 言

“读书是天下第一好事”，对此本人深信不疑。通过“读书那些事”，跟老师们聊聊与阅读有关的事情同样是好事一桩。当下，举国上下倡导“全民阅读”，学校也在努力营造“书香校园”，很多教师越来越深刻地意识到阅读对于个人幸福以及专业成长的重要意义，他们或主动或被动地投入到阅读之中。与此同时，教师们也产生了诸多与阅读有关的困惑：比如怎样找到适合自己阅读的专业书籍，如何啃读教育经典，等等。

笔者在做“教师书房”栏目的编辑过程中，深感许多教师并不读书，即使有些想读书的教师也苦于找不到好书或者适合自己阅读的书籍。为此，我们为教师们请来在阅读与写作方面颇有心得的名师作为引领。这些名师在成长的道路上都曾遇到过相似的问题，有过同样的困惑与烦恼，也走过弯路，但他们最终都走出了困境，走向了幸福。他们的成功有哪些秘诀？在本书中，李镇西、黄玉峰、吴非、常生龙、凌宗伟等名师，通过本人亲述或接受采访，讲述了各自的阅读经历与成长故事。通过阅读他们，教师们或许能从中找寻到自己的职业榜样，抑或产生共鸣，找到精神的“同路人”。

阅读是为了发现更好的自己

阅读可以发现更好的自己。在《读书这么好的事》一文中，冷玉斌形象地把书比作一面镜子，“将世间万物收纳其中，让生活变得多姿多彩”。他认为，书除了照映生活，还可以照映自己。“把书读进去，在书中看到自己，照出自己”。“倘若读来读去，自己的大脑变成了他人思想的跑马场，却生成不了自己的见识，这肯定是不行的”。正所谓“读大师的书，走自己的路”。作家止庵先生与读者谈读书时说得极有意思：“‘我’读书就是为了不变成‘我们’”。读书是最好的自我教育，“自我教育的核心就在于自我认识，成长自我，读书也就是最终让每个人都有‘表情独特的脸庞’”，即成为自己，而不是和他人一样。

李镇西被誉为“中国式的苏霍姆林斯基”，他的教育人生就是站在巨人的肩膀上跳舞。李镇西几乎读完了国内能够找到的所有苏霍姆林斯基的著作，还专门去苏霍姆林斯基曾经担任校长的帕夫雷什中学“朝圣”。他不仅追随苏霍姆林斯基，还追随陶行知。在他曾经担任校长的成都武侯实验中学，有一块大理石，上面刻着他的一篇文章，其中谈道：“我特别敬仰的陶行知先生说过一句话：‘先生之最大的快乐，就是创造出自己崇拜的学生！’我把这句话作为我的教育理念，让学生成为自己崇拜的人，这是我的梦想。”朱永新评价李镇西说：“他是苏霍姆林斯基式的教师和校长，他是陶行知‘平民教育’的践行者，但他又不是苏霍姆林斯基，不是陶行知，他是李镇西，一个中国的优秀教师。他的话语体系、行为方式、成长路径，都有自己的特点与风格。”

凌宗伟是位饱读诗书之师，他的阅读视野不仅是杜威、雅斯贝尔斯等大师的教育经典，也有笛卡尔、培根以及康德等大师的哲学论著。他在阅读中达成自己对教育的理解，认为“学他人也要做自己，讲章法也要天马行空”。常生龙在他的专著《给教师的5把钥匙》中也有同样的看法，他认为阅读和写作是最有效的提升自己的学习方式。相较而言，只是“读”还不会有更好的效果，“写”有着更为深刻的意义。写作是再一次的思考和梳理，写作强调的是理论联系实际，让作品与自己的生活紧密联系，有感而发。身为上海市虹口区教育局局长，常生龙在忙碌的工作中挤出时间阅读和写作，十年来，坚持每周读一本书并写一篇读书笔记。

阅读是名师成长的有效途径

在笔者主编的“教师书房”版推出的好书中，不乏中小学名师们的精品之作。他们不仅以教书、读书为乐，而且将自己的读书体会以及阅读带给自己教育行为的改变等汇集成书，分享给读者，为那些迷茫中的教育者通过阅读打开教育之门提供了可以借鉴的范式。

但凡名师，一般都有个共同的爱好——读书。长期养成的阅读习惯使他们在遇到困难时很容易想到书籍，并很快从中找到解决问题的突破口，寻到自己的“精神导师”，并在他们的循循善诱和引领下，走出困境。

李镇西在初为人师时，有着所有教师的梦想与追求，也有着所有教师的痛苦与彷徨、迷茫与挣扎。他也曾经“收拾”过自己的学生，甚至亲手打过学生、罚站过学生。正是这个时候，他“遇上”了苏霍姆林斯基，一本《要相信孩子》打开了他通向苏霍姆林斯基的大门，从此便一发不可收拾，《给教师的建议》《帕夫雷什中学》《育人三部曲》《怎样培养真正的人》等苏霍姆林斯基的著作成为他的案头常备书。

2015年度“中国教育报推动读书十大人物”之一冷玉斌在刚刚走上讲台时，也遭遇过同样的尴尬。“那时真的不会上课，怎么去读一篇课文，怎么带着孩子学习语文，怎样在课堂上提问、与孩子们展开对话……对于这些今天看来不过是常识的事情，当时真是难倒我了。幸亏那时候，于永正老师的《教海漫记》来到我手边……我反复读，仔细揣摩他的思路、他的智慧；……我似乎看到了教学实践中的光亮，就朝着它一招一式学，一字一句练。”正是这本《教海漫记》把冷玉斌扶上了“战马”，让他看见了光亮，并朝着课堂快乐出发。

教师阅读直接影响学生的阅读

英国作家狄更斯在《双城记》中说："这是最好的时代，这是最坏的时代。"用这句话形容当今教师的阅读现状十分贴切。这是一个阅读的好时代，因为从国家到学校自上而下都在大力倡导"全民阅读""书香社会""书香校园"，但真正阅读的人并不多，尤其是青少年，因为有两样东西正在阻碍着他们阅读习惯的养成，一个是应试教育，一个是网络，他们的全部时间基本上被这两样东西所占据。更为可怕的是，教师作为最应该阅读的群体，许多人也放弃了阅读，不少教师只读两本书——"教材"和"教参"。教师不读书，直接影响到学生阅读习惯的养成。温儒敏在他的《温儒敏论语文教育三集》中疾呼："语文的本质就是'多读书'，现在语文教学的很多问题还是'读书太少'。""是应该采取一些措施了，比如，在教学评价方面有所体现。"

最好的教育是自我教育，终身学习是现代社会人们完善自我、提升个人能力的重要途径。很难想象，一个没有阅读习惯的人，在离开校园后如何自我教育，持续学习。许多教师从踏入教育之门开始，就越来越不喜欢阅读，这在很大程度上是他们自身在长期的求学过程中丧失了阅读能力和阅读兴趣的结果。教师自己没有养成阅读的良好习惯，遇到问题时自然不会想到书籍，而是求助于网络或者教学参考书。结果可想而知，教育仿佛无源之水，很快便会枯竭，最后造成精神的荒芜，导致教育的贫瘠。

即便如此，也不能说教师就真正丧失了阅读能力。在教师的职业生涯中，有许多因素恶化了教师的阅读状况，比如教师缺乏闲暇时间。阅读首先需要的是闲暇时间，需要从容的心态。众所周知，教师除了周末，尚有寒暑假。但现实中补课不但侵占了周末，也大量占用了教师的寒暑假时间，一旦自然休息的节律被打破，教师便会陷入身心疲劳的双重境地。这导致教师即使有了闲暇时间，也未必读书。但闲暇时间只是读书的先决条件，而不是必要条件。那些真正热爱阅读的教师总能挤出时间用来读书，他们化零为整，同样可以积少成多、集腋成裘，收到好的效果。而很多教师把闲暇时间用来玩手机、玩游戏、打麻将或者进行生活交际等。

新课程的实施无疑给教师们带来了压力，许多教师意识到，不阅读无法应对教学，不学习将会面临淘汰，生存危机逼迫教师们开始阅读。但如何将外部压力转化成内部学习的动力，恐怕还要靠教师自身产生阅读的愿望，这就需要以解决问题为阅读导向。如果带着问题去阅读，让阅读真正指导教育实践并解决教育教学中的实际问题，教师便会产生阅读的动力。此外，如同学生阅读需要循序渐进一样，教师的专业阅读也需要阶梯，有些教育经典未必适合所有教师阅读，比如在中小学教师的职业起步阶段，一本于永正的《教海漫记》就可以为“冷玉斌们”指点迷津，走上正途。

读书那些事

目录/CONTENTS

第一辑

读书这么好的事

002 读书这么好的事

016 读书就是你我的呼吸

021 书还是老的好

025 人生若只一书虫

028 读书，是另一种生长

034 读书是一种“翻墙术”

037 读书改变气质

041 满肚书话要倾诉

045 心中的读写

049 读和写是教师成长的咖啡伴侣

第二辑

生命与书相遇

054 把好书化作自己的灵魂
064 读书是放大心灵的半径
068 书缘，人缘，世间缘
071 我的阅读人生
074 误入藕花深处
077 唯书有华 秀于百卉
081 阅读是我的引路人
084 读书：最美好的生命举止
088 阅读让教育人生更开阔
093 观念的“倒卖者”
101 教育人生要有经典相伴

第三辑

教师是一本书

106 阅读与教师的专业成长
116 黄玉峰：教师就是一本书
124 吴非：一生只做一件事
131 读书人应秉持怎样的阅读伦理
139 垃圾与经典，去留谁做主
144 教师应为自己构建一间书房
148 语文教师仅读语文论著是不够的
152 教师专业阅读常用思维方法摭谈
167 书评：对话与分享
171 书之序与书之跋管见
177 还是应该啃一点难啃的书
181 阅读，与教学相长
185 让书香浸润每一位师生的教育生活

|第一辑|

/

读书这么好的事

/

读书这么好的事

冷玉斌

某天在“罗辑思维”的微信公众号里听罗振宇推荐好书，他正说着金圣叹的作品，说着说着，忽然就来了这么一句：

人生很短，永远要站在美好事物的旁边赞叹。

甫一听得，心念大动，极是认同。在我的心里，书籍是美好的事物，读书一直是美好的事情，每当想到读书，往往也会情不自禁重复学者张新颖那一声朴素又直达本质的赞叹：

读书这么好的事！

一

读书，是多么好的事呢？

想到朱熹先生的《观书有感》，朱夫子用他清浅而朴实的诗行，把这件事的好表现得淋漓尽致，他写道：

半亩方塘一鉴开，天光云影共徘徊。问渠那得清如许，为有源头活水来。

你看，书是一面镜子，将世间万物收纳其中，让生活变得多姿多彩。“天光云影”，又浪漫，又诗意，“徘徊”，这里有一种动态，不是孤立的天光与云影，而是天光与云影交融，耐人寻味，甚是美好。此外，自阅读的角度，还可以将它领悟为“如切如磋，如琢如磨”的境界，所以，书会带给读者特别特别多的联系与沟通。更重要的是，他说“书”是一面镜子。那么，一面镜子除了照映生活，还能照什么？没错，照出自己，是把书读进去，在书中看到自己，这一点也值得思考。倘若读来读去，自己的大脑变成他人思想的跑马场，却生成不了自己的见识，这肯定是不行的。接着问渠水何以清澈，那是因为有源头活水，书籍对每个人来说都是源头活水。源头活水会带来资源，不会枯竭；会带来净化，不会污浊；会带来更新，不会陈腐；会带来进步，不会停滞。源头活水一旦引进来，那么对于教师个体，或者一所学校，乃至一个地区，甚或一个国家，那一定会拥有共“徘徊”的“天光云影”，一定会水清如许，这也是书香校园、书香社会建设的终极意义。听上去，这好像是宏大的事情，其实都是读书这件小事带来的。虽然是小事，但它的“好”是全方位的，从认识到行动，从观念到生态，从自我到他人，让我由衷感叹，读书这么好的事！

二

就个人而言，说“读书这么好的事”，总归还有一些私人的体验与心得。当过往经历渐渐沉淀，便深深领受读书的好，所以，我常常感谢书籍，感谢有书读的这些日子。

第一点想法，读书是最好的自我教育。这一点倒不新鲜，像蔡朝阳老师，也总讲“阅读是生命的自我建构”。对我来说，从开始工作到现在，一天天教书，一天天读书，正是以读书进行自我教育，进行自我建构。

20 世纪末中师毕业，我回到小镇做老师，可以肯定那时的我知识结构存在大缺陷，对教育的理解，无论理论还是实践都相当不够。近二十年过去，我就没有再系统地接受过学校教育，那么，从当初的荒芜，到现在有一些机会与同仁交流，表达一些对教育、对世界的看法，是哪里来的勇气？当然这是如帕克·帕尔默所言之“自我认同”，但说到底，连这“自我认同”都是来自因读书而发生的自我教育。众所周知，在学校教育、家庭教育、社会教育之外，还有自我教育。即使在信息时代，自我教育有了更多元的形态，读书仍然是最为便捷、成本最适宜的途径。直到现在，我做得多的还是读书，我所受的教育很大一部分就是从读书而来。

以课堂教学为例，刚刚开始工作时，完全是经验式的，并且很快我沮丧地发现，之前在学校里所学的教学法之类，没有太多的用处。后来，我是如何入得教学之门，或者说，是怎样摸索到教学的部分真谛？还是读书——就在新世纪到来前夕，读到了于永正老师的《教海漫记》。

那时候真的不会上课，怎么去读一篇课文，怎么带着孩子学习语文，怎么样在课堂上提问，与孩子们展开对话……对于这些今天看来不过是常识的事情，当时真是难倒我了。幸亏那时候，于永正老师的《教海漫记》来到我手边。我读到了于老师的《燕子》《静夜思》教学实录，我反复读，仔细揣摩他的思路、他的智慧；又读到了他对教育教学的理解，他用通俗透亮的话语讲出来，比如“露一手”“熏锅屋”“开窗户”“谁也说不准哪块云会下雨”……回过头去看，这些其实包含了语文教育很多规律性的东西。在读了这些篇章之后，我似乎看到了教学实践中的光亮所在，就朝着它一招一式学，一字一句练。后来我总称于老师的《教海漫记》是“扶我上战马的书”，正是因为这本书真正让我看见了课堂，并朝着课堂出发了。

前阵子写过一篇关于阅读英国哲学家约翰·洛克的文章，文章中我回顾了自己阅读洛克的历程，简述了洛克的教育观念。洛克这个人，他对我的影响是多方面的，他有一句最简单的话，我至今都刻在心里：“因为教育上的错误比别的错误更不可轻犯。教育上的错误正和配错了药一样，第一次弄错了决不能借第二次第三次去补救，它们的影响是终身刷洗不掉的。”这句话完全可以成为所有时代教师教学指南的第一条。约翰·洛克这个人，《教育漫话》这本书，可不是我在教科书里学到的，而完全是我在个人阅读中的遇见。正是因为读书，我遇见了一本又一本对我产生影响、发生作用的书，使我这个基础一般的中师生，没有掉队，没有落伍，并且完成了自我启蒙，懂得放远自己的眼光，去观察、去思考、去实践、去表达。因为读书，我始终在进行自我教育。

显然，没有谁要求我这么做，但因为读书，一个人就开启了自我教育的大门，自我建构的车轮就缓缓转动起来，带着这个人上路了。我想，对于读书就是自我教育这一点，没有谁能讲得像诗人、散文家布罗茨基那么生动，又那么美妙，他是这样说的：

在历史上，在人类历史上，书籍就是人类发展的过程，它基本上类似于车轮的发明，一本书就是穿越生存空间的一种运输方式，以翻页的速度前进，它存在的重要目的不是要我们了解我们的起源，而是要我们了解人类能够做到的一切。这种运动与任何一种运动没有什么两样，是起自同一点的航程……朝着“非凡的容貌”飞去，朝着个性飞去，朝着自主性飞去，朝着个体隐秘飞去。

这完完全全是自我教育的意义。

作家止庵先生有一次与读者谈读书，说得极有意思，他说他从来不问“我们”为什么读书，只问“我”为什么读书。“我”读书，就是为了不变成“我们”，自我教育的核心就在于认识自我，成长自我，那么读书也就是最终让每个人都有“表情独特的脸庞”（布罗茨基语），也就是成为自己，而不是和他人一样。做老师的人正可以想一想，在自己的课上，思维方式，抑或话语风格，是不是跟别的老师都一样？是否有自己的教学追求乃至形成了自己的风格？是否对自己的学科有独特的理解与坚持？我觉得就是这些决定了孩子们是否亲近你，是否能快乐地与你度过每天的学习生活。说到底，“专业发展”这件事，多数时候不是别的什么教育推动的，只有用自我教育来完成。读书，正是自我教育的最佳路径。

三

读书的第二点“好”，跟第一点也有联系，那就是阅读是为了遇见高人，上文提到的约翰·洛克、于永正，其实都是阅读中遇见的高人。

说到高人，就想到一件事，前两年我作为代表参加一个省级课题鉴定会。会议上，我与来自上海的专家吴教授一见如故，就绘本讨论了很多。她很是有心，听了我的现场发言，私下开始交流的时候先向我求证一件事，说：“小冷，你告诉我，你到底在哪里工作？”原来她觉得我在绘本上有思考与实践，不像一个乡村教师。的确，作为乡村教师，我的这些关注，貌似与乡村没有关系，十分洋气的样子，其实倒给孩子们带来许多意外的惊喜。而之所以能够在自己身上克服一些“乡土气息”，就因为在读书中，我遇到了绘本达人，松居直、郝广才、彭懿……高人均有高见，我自然不能浪费这么好的资源，努力将这些高见落实在教学的思考与实践里。

读书的时候，常常叹为观止，觉得有些作者确实写得非常好，或者他们的思想的确高明。在阅读之后，借着对他们的认识和思考，我增长了太多见识。在现实生活中，个人身边不见得没有高人，可更多是平常人，甚至是你觉得面目可憎的人。而好书里面，却有数不胜数的高人，无论是作者，还是书中的人物。只要捧起书来，一会儿孔子来了，一会儿庄子来了，一会儿卡夫卡来了，一会儿王小波来了，所谓“谈笑有鸿儒，往来无白丁”，这就是遇见了高人。遇到高人，与高人比照，你能明白自己；遇到高人，向高人取经，你能充实自己；遇到高人，向高人学习，你能提升自己；遇到高人，未来某一天，你自己说不定也能成为高人——当然，不是说阅读就是为了成为高人，至少，在一次又一次的遇见中，每个人都会变成更好的自己。

这些年，我时常向人提起两位高人。在我遇到的高人中，他们是极有代表性的，他们转变了我的教育观念，影响了我的教育行动，改变了我的教育话语，也塑造了我的教育生活——虽然，他们两位都不是通常意义上的教育家。

第一位是陈丹青先生，估计大家对他并不陌生。老实讲，我真的喜欢陈先生，不仅在于他直率的言说与斐然的文采，更在于他一直在给我一种力量。他前些年对文化的批判，对教育的指摘，到近些年参与到“理想国”的项目，录制《局部》视频，给青年人以艺术的启蒙与滋养。他说了不少话，出了几册书，做了很多事。我一直是他的忠实读者， 将他的书一本一本读过来，从中收获了太多太多。我认为，长期阅读他，会形成一种与他有关的教养，那就是理性、审慎、明晰，同时也不乏温情与热烈。某种意义上，他与鲁迅先生在精神上是相通的，而他与鲁迅先生一样，对青年人的关心向来是溢于言表。从教师这个身份出发，工作压力大，工作强度也不小，孩子的教育越来越成为一个问题，读陈丹青先生的书，能够获得相当多的力量。

他曾有一篇小文章，是写给导演贾樟柯的，收录在贾樟柯《贾想》一书里。在这篇文章里他写了这么一段话：

永远不要等着谁来救我们。每个人应该自己救自己，从小救起来。什么叫作救自己呢？以我的理解，就是忠实自己的感觉，认真做每一件事，不要烦，不要放弃，不要敷衍。哪怕写文章时标点符号弄清楚，不要有错别字——这就是我所谓的自己救自己。我们都得一步一步救自己，我靠的是一笔一笔地画画，贾樟柯靠的是一寸一寸的胶片。

我常常想，对教育，对教学，每位教师虽然总会有各种各样的想法，无论是在理念上，还是在实践中，但都应该像陈先生说的这样，忠实于自己的感觉，认真做每一件事，不要烦，不要放弃，不要敷衍，画画的就一笔一笔地画，拍电影的就一寸一寸地拍，教书的就一节课一节课地教。陈丹青先生在清华大学带过学生，虽然他现在不教书了，但从他的著作里面，我们仍然可以悟到什么是教师的天职，教师又如何来承担自己的天职。

第二位是来自法国的阿尔贝·雅卡尔。这位老先生的身份比较复杂，是遗传学家，是人口学家，是大众思想家，是社会活动家，尤为重要的，是一个小姑娘的曾祖父。为了向这个还没来到世界的小女孩解释世界，他写了一本《写给未出世的你》。雅卡尔曾经担任法国教育部长，所以，他对教育的关注可谓情理之中。正因为雅卡尔本身知识结构的多元，以及他独特的数理思维、复杂性思维，所以他的著作里都有独到之论，但这些独到之论确实又接近理想教育的本质。可以说，雅卡尔这位高人，用他的著作为我开启了关于教育的另一扇窗户。此后多年，他的观念直接作用于我，让我看待教育的眼光发生了变化，让我在教育实践中增加了很多更为人性的思考。那么，雅卡尔是怎样看待教育的呢？他说：

教育就是启蒙孩子做交流的游戏，与周围的人互相交流，与过去的或其他地方的人群和文明做单向交流。所以，不管教育的内容是什么，是数学、物理、历史还是哲学，其目的并不是提供知识，而是借助知识，提供让人可以参与交流的最佳途径。

现在都在讲“课程改革”，经过长时段思考，以及个人实践中的一些努力，我发现若站在雅卡尔的这个视角上，能更好地理解课程，建设课程。所以，课程改革绝不仅仅是“改课”，而是一个系统的变革，牵涉到教育系统的转向，牵涉到人的展开。雅卡尔这段话，我大概在2007年读到，一晃好些年过去。在那个时候，他就说“教育就是启蒙孩子做交流的游戏”，如今“游戏化思维”正是很多发达国家所把握的下一轮教育改革的大趋势。雅卡尔发出的这些声音，当时就推动了我的思考，让我提前意识到：学校最重大的意义不是提供知识，而是一个可能性的空间；教师从来不是培养孩子来适应当前的社会，而是要为一个美好的社会培养真正的人。

读书的意义就在于和高人交流，因为书里面装着作者的灵魂，即使作者不在了，但书还活着，能够与更多不相识的人遇到。加缪有这样一个表达：“重要的不是活得最好，而是活得最多。”如果接受这样一种人生观，那么，读书正是使人活得最多的一种最好的方式。

就像狄金森所写的诗句：

没有一艘快船，能像一本书，也没有一匹骏马，能像一页跳跃着的诗行那样——把人带往远方。

把人带往远方，带到哪里呢？当然是带到一个又一个现实无法企及的世界，带到一位又一位必须与之对话的高人面前。遇见这些高人，是给教师阅读所带来的额外奖赏，而这奖赏本身，会进一步塑造和改变为人师者的教育生涯。

四

读书的第三点“好”，在我看来是读书给生活以意义。

苏格拉底说，未经反思的生活是不值得过的。反思就是寻找意义，确认意义，未经反思，就是没有意义，没有意义的生活是不值得过的。那么意义在哪里？对每个人来说，这都是不一样的，但都是应该去思考的。而这种思考，既可以来自于生活本身的历练，也可以来自于阅读。

作为教师的“我”，因为阅读，对生活有了怎样意义上的理解？我想首先就是对生活的发现，对世界的发现，使自己有一种生活的感觉。因为一名教师，在日常的教学生活中，自己的身体，自己的灵性，自己的智慧，有时会处在一种磨损中，如果再没有一些好的阅读，提醒我们“生活不止有眼前的苟且，还有诗和远方的田野”，那的确是一件糟糕的事情。

记得有一年，我在读书时，无意中读到巴尔蒙特的一句诗，“我来到这个世界，为了看到太阳，和苍茫无际的蓝天”，当场怔住，久久不能释怀。今天，有多少人，会抬头看看蔚蓝的天空，看看初升的太阳，看看美丽的落日，看看绚丽的云彩？也许，这也是罗丹那句话告诉所有人的，“生活从来不缺乏美，而是缺少发现美的眼睛”。那么，阅读恰恰可以帮助我们恢复——恢复发现的能力，帮助我们回到——回到生活的最初。后来，我在读江苏省教科院杨九俊院长的文章时，意外地发现，他在书写关于理想学校的思考时，也引用了巴尔蒙特这句诗，他的意思是说一所学校，要有这种托起光明的教育理想。而站在个人的角度，这也提醒每一位教师要有教育理想，而这理想，又应与生活相连。毫无疑问，只有爱生活的人，才会真正爱教育，而只有真正爱教育，才会品尝到真正生活的滋味，而不是浑浑噩噩，稀里糊涂，过了一世，却仿佛从未生活过。

有一本图画书，叫《第一次提问》，它本来是日本诗人长田弘的一首诗，画家伊势英子给它配了唯美的水彩画，就成了一本美妙的图画书，开头几节是这样的：

今天，你仰望天空了吗？
天空，是很远很远，还是近在眼前？
云，看起来像什么？
风，又是怎样的味道？
你觉得，美好的一天，是怎样的一天？
“谢谢”这样的话语，今天你是否说过？

窗外，路边，是什么映入你的眼帘？
挂满雨滴的蜘蛛网，你可曾看见？
走过橡树，走过榉树，你是否曾停下脚步？
街边的树木，你知道它们的名字吗？
你可曾想过，把它们当作朋友？

你最近一次凝望河川，是什么时候？
最近一次坐在砂石上，坐在草地上，又是哪一天？
“真美啊！”是什么，让你情不自禁发出赞叹？
你能说出，最喜爱的七种花吗？

在你心目中，谁，可以被称为“我们”？

……

这本书中共有30个问题，每一个问题，都问向世界，问向心灵，问向生活，而且，完全可以说，这些问题不仅可以问向孩子，更应该问向每一个大人。其实，生活的意义不一定是那种宏大的、雄壮的——事实上，在对身边一草一木的发现中，就已经给生活带来了人的色彩。我相信，如果能够经常读读这样的诗句与图书，那么，你的生活一定是平添滋味，增加意义。

给生活以意义，我想到的第二点，是有关梦想这件事。有一年在海门遇到潘新和先生，他做一个写作教学讲座，但一开始，他先问了在座老师几个问题，大概的意思是：对这个世界你还热爱吗？对未来你还有梦想吗？对你的教学还有理想吗？

当时好多老师都笑了，可是潘教授真的是非常严肃地问出这几个问题。仔细想一想，这几个问题并不是要老师们给出一个答案，而是给出一个提醒：我们的教学，我们的课堂，不是一件小事情，它其实事关重大。教育是对人的工作，直接作用于儿童的头脑与心灵，必须是在一个大的意义框架下。这不是仅仅为了糊口，不是因为领导要求，而是因为对生活有坚持，对教学有理想，对未来有梦想。这样的教育生活才是明朗的，才是符合道德的，才会是幸福的。

曾经听国家督学、原江苏省教科所所长成尚荣先生的讲座，他介绍了美国社会学家、人类学家赫舍尔写的一本书，《人是谁》。在书里，赫舍尔指出，讨论人绝不要提“人是什么”，人不是个“东西”，要提问就提“人是谁”。人是谁？他的意义在哪里？意义可以做一个比较，比如说把人和动物做一个比较，人和动物最大的区别，在于人有一个非常丰富的内心世界，而动物是没有丰富的内心世界的。赫舍尔又把人和存在物相比，比如这个桌子，这个讲台，这个空间，这个报告厅，它是世界上的一种存在物，人和存在物的区别就在于人内心世界丰富以后所表现出来的那种创造性。在两个比较以后，赫舍尔说，人生是一个谜，但是人生之谜是有谜底的。谜底是什么？赫舍尔没有回答，他只是说，人生意义的谜底不在现在，而在将来。不论你现在是什么，不论你现在干什么工作，你现在是个什么样的人。你的意义、你的谜底，是在将来你成为什么样的人，这就是人的梦想。原来如此，谜底就在你的梦想，谜底就是你的梦想。

成尚荣老师阐发道，人的梦想实现需要条件。第一，要有时间的等待；第二，是梦想，就要让它自由。就在等待和自由当中，这个梦想才能逐步地实现。因此，人生之谜的谜底，它的意义绝不能急功近利，绝不能目光短浅，绝不能只看现在。这也是读书带给我的领悟，人要寻找自己的意义，尤其意义不在现在，而在未来。换句话说，教师也正是可以通过阅读，学会管理自己，规划自己，给自己的生活以意义，找到自己的未来，最终不辜负有且仅有的一生。

五

《小王子》里，小王子与狐狸最后道别时，有一段对话：

“啊！”狐狸说……“我会哭的。”

“都是你害的，”小王子说，“我一点都不想伤害你，可你偏偏要我驯服你……”

“是啊。”狐狸说。

“可是你会哭啊。”小王子说。

“是啊。”狐狸说。

“所以说你一无所得！”

“我有，”狐狸说，“因为麦子的颜色。”

什么叫“因为麦子的颜色”？我非常喜欢周保松先生所做的诠释，他认为狐狸此刻是在说：

我的小王子啊，我们不是一无所得，所得就是我们爱过，就是我们彼此驯服过。你知道吗，我不吃面包，麦子对我毫无用处，我对麦田颜色更是一向没有感觉，但这一切都因你的到来而改变。你走后，每当风吹麦田，麦穗起舞，麦子的颜色就会提醒我，有个金黄色头发的王子，曾经走进我的生命，并和我有过美好的相遇。这就够了。

读到这段话，我就想到读书这件事——一点都没错，说提升专业也好，说内化人心也行，说无用之用也罢，读书所能带给每个人的，不就是那一点点或一片片“麦子的颜色”？“书中横卧着整个过去的灵魂”，有那么一本书，有那么一个“过去的灵魂”，就像那个金黄色头发的小王子，曾经走进你的生命，与你有过美好的相遇——有了这“麦子的颜色”，作为一个人，你眼中的世界分外辽阔，因为有了多样性；你所过的生活才是他自己的生活，因为你拥有了表情独特的脸庞。

冯至先生有两句诗：

给我狭窄的心 / 一个大的宇宙。

如何达到？当然，道路万千条，而这一条最平常，却最有效：读书。

所以，读书这么好的事！

（作者系 2015 年度《中国教育报》推动读书十大人物之一）

读书就是你我的呼吸

徐　飞

呼吸，看似稀松平常，其实是关乎生命、关乎健康的大事。读书，也是如此，看似无用，实有大用，是关乎教师专业发展与人生幸福的大事。

我的第一学历是中师，起点不高，但工作 18 年来，我从农村初中到省重点高中，从偏远的乡镇到美丽的苏州，从一线教师到高中语文教研员，一路走来，虽有艰辛，但也有小小的成就感。可以说，读书正是我徐徐飞起的引擎。这些年，我已养成了日均阅读量在三万字以上的生活方式。读书于我，是须臾不可离开的呼吸。

金圣叹读到《西厢记》"不瞅人待怎生"一句，感动得三日卧床不食不语。读书至此，书人不分，也算是达到读书痴境了。这样的读书感受，我年轻时也有过。那是在周末的教室，静静地读着《乱世佳人》，不觉已至傍晚。当读到斯嘉丽不幸小产时，我望着外面迷蒙的暮色，不觉心头大恸，顿时肠胃翻滚，呕吐不已。这样的读书是把整个身心都交给了面前的这本书，不加设防地，你完全被拉进了书的场景中。这种读书方式在学院派看来可能会被责之以浅显幼稚，而在我看来，却有最深刻的单纯。读书，就是这样，一定要读出自己，读出生命深处的感悟，恰如呼吸，它一定会联结着心肺，呼吸之间含着你的气息、你的味道。

我一直认为，读书应该成为我们的生活方式，就像呼吸一样自然。当今社会，躁气与戾气弥散日甚，很多人难以获得澄澈、自在、从容的心灵之境，人可悲地成了自我放逐的对象。而要消除人与自我的隔阂，读书、闲坐、行走等都是让人体验到“我在”的方式。教育哲学家内尔·诺丁斯说：“幸福生活就是事业顺遂、良好的人际关系、有空闲时间看自己喜爱的书，以及在海滩上散步看日出与日落。”幸福生活的这四条标准其实就是着力解决人与物、人与人以及人与自我的关系，而这三组关系中，人与自我的关系尤为重要，它涉及心灵的安顿与归宿。“有空闲时间读自己喜爱的书”，这条幸福标准其实很高。在快节奏的当代社会，很多人最缺的不是“钱”而是“闲”，于是越忙越不读书，越不读书越忙。忙者，心亡也。读书，能够帮我们找回自己的心。越忙越要读书，而越读书就会越悠闲，因为我们或是在读书中找到了更高效的处事智慧，或是在读书中彻悟了“人非看破不能闲”的道理。

我提倡，到山林、田野去尽情享受呼吸。那里的氧分子最充足，做上几次深呼吸，人的整个身心都会很惬意、很清爽。读书也是如此，我们要读那些具有山林气、田野气的好书，读有大智慧、大情怀的好书。读卢梭的《爱弥儿》、洛克的《教育漫话》，你会发现先哲们早已探讨过“完整的人”的教育。读《窗边的小豆豆》《夏山学校》

这类书，你会见识到另一种教育生态，你会更深刻地理解这句话：老师应让孩子成为他自己，而不是老师所希望成为的样子。我倡导异质阅读、野性阅读，在陌生的书里找到熟悉的自己。

青春版《牡丹亭》里，柳梦梅赶考途中，饿昏倒地，被好心人扶起，人家问他：你是何人？但见柳书生呆答：小生乃读书人！全场笑喷。一个整天把自己定位为“读书人”的人，是相当迂腐的。读过几本书，真不值得拿来说事，正如一只蚕它吃掉几簸箕桑叶，是不值得炫耀的，关键还看吐出的丝是否白而长。评价读书人，不是看他读了多少本书，而是看他将书中的智慧转化了多少变成他自己的智慧。读书之道正在一呼一吸之间，吸为基础，呼为结果。读书要能最大获益，需要完成呼吸之间的转化。艾德勒说：“你真想拥有一本书，你就把它讲出来。”“呼”，就是讲出来，或用文字，或用口语。在这个过程中，“吸”会更深入、更全面。对陈日亮老师倡导的“以言传言”的阅读法，我深以为然。

在我不算长的读书史中，有几本书起过救援我心魂的作用，如弗兰克的《活出意义来》、弗洛姆的《爱的艺术》等。人与书的相遇是很奇妙的事，一本书能走进你的生命，不仅是因为这本书本身的内容，而且与你当时的境遇或认识相关。有些书在你年轻时曾深深打动过你，但是你若干年后重新翻阅，却很难体验当初的感动。因此，在生命的不同阶段，有一些好书能介入你的生活、你的生命，实在是一件幸运的事。

我是在略有颓废的日子里遇上弗兰克的《活出意义来》的。书不算厚，我花了三个多小时几乎一口气读完，心灵变得澄澈、明净，仿佛被圣洁之光沐浴。1942 年，犹太精神医学家维克多・弗兰克连同他的亲人，被纳粹关进集中营。三年后，他被解救出来，而他有孕在身的妻子和其他大部分家人都早已不在人世。1946 年，他用了 9 天时间写下他在集中营中的经历并出版。在这本书中，他提出一个重要的观点：人是为某种意义而活着的。他说："在我们的生命当中，我们总会朝着某个方向前进，也许是为了某个人或某件物，总之是为了追寻某种意义。一个人愈是忘我的生活，愈是为所爱之人、所爱之物燃烧自己，那个人才愈加是一个真正的人。"他告诉我们，追求幸福，并不是人生的全部意义。相反，如果一个人只知道追求幸福，那么肯定得不到幸福。幸福是一个人全心全意投入伟大事物中，并把自己置之度外时意外获得的副产品。读完《活出意义来》，我感觉悒郁之情一扫而空，感觉有一种很强的力量将我向上牵引着……

读书，还可以成为一群人的有氧运动。2013 年 9 月，我牵头成立了"玖玖雅集"教师书友会，想为爱读书的教师提供交流的平台。听别人聊书，无疑会从中获得启发，而发言者更是受益者，会在表述中加深对书的理解。"玖玖雅集"的宗旨是：为学生读书，为自己读书。雅集成员有一个共同感受，每次雅集活动后，我们的精神会更为明亮，因为读书让我们遇见越来越好的自己。

其实，读书是私密性很强的事，像蒙田就不主张将书房示人。诸葛亮年轻时与徐庶等三人一起读书，"亮独观其大略"，而"三人务于精熟"，诸葛亮内心大概有一点瞧不起他们的读书方式的意思，终于忍不住评点："卿三人仕进可至刺史郡守也。"而当三人问起诸葛亮将来会做到多大的官时，“亮但笑而不言”。很多人很佩服诸葛亮的读书智慧，但在我看来，徐庶等人的“务于精熟”的沉潜涵咏的功夫同样可贵。犹如每个人的呼吸有疾缓长短的区别一样，每个人的读书也都是独一无二的，难以复制，难以模仿。

读书，就是你我的呼吸，你说呢?

（作者系苏州工业园教师发展中心语文教研员，2014 年度《中国教育报》推动读书十大人物之一）

书还是老的好

王木春

人不可独居无友。人生各年龄段，对朋友的定义是不同的，对朋友的选择也不同。读书犹如择友，不同时期有不同的趣味。

我是个愚笨之人，在教书 12 年后，才懂得何为真正意义上的读书，即摆脱了教科书、教案之类的那种读书。如今，又一个 12 年倏忽而过，回首这段切换我教育人生的读书时光，我借用英国哲学家怀特海关于智力的三个节奏（浪漫阶段、精确阶段、综合阶段）的说法，把自己的阅读史归结为三个阶段。

刚摆脱教科书和教案这类纯实用性的阅读，我首先接触到两类作品，一是教育类书籍。像苏霍姆林斯基的《给教师的建议》、洛克的《教育漫话》等，也有当代学者和名师写的著作。《给教师的建议》影响我至深，为我开启了一扇通往儿童心灵的大门，让我看到教育的温情与美好。二是文学作品。台湾散文家张晓风的文字曾深深打动我。我一遍遍读着她的《今天我交给你一个男孩》和《柳》，感觉多年来存积在体内的冰川正慢慢融化，被应试磨得粗糙僵硬的心变得柔软。此时接触文学，数量很大，且不同于大学时代的阅读，更不是一般意义上的“补课”，而是苏醒了的灵魂，在自由地奔跑。“年轻时读过的书，都必须重来”，这是我此时最深的感慨。

这是我阅读史上的第一阶段——浪漫阅读阶段。这一阶段的阅读，带有“后青春期”的特点，偏于抒情和感性。除了读教育和文学书，各种报刊和流行读物，也不加选择地吞进肚子。总体看，读得有些饥不择食，盲目而浮浅。

这期间，我开始教育随笔的写作。写作让我发现自己知识结构上的短板，面对现实中的诸多问题，我的经验无法解释，读过的文学作品和教育书籍也帮不上忙。于是，我的阅读转向了其他学科，社会学、史学、哲学等。尤其两年前，我的孩子考上大学哲学系，为陪她读枯燥的哲学，我把家中的哲学书一一找出来。这些书，部分是大学时省吃俭穿买的，部分是近年网购所得。可惜，我“叶公好龙”，这些艰深的哲学书大多翻翻便束之高阁。然而，“陪读”的使命感战胜了畏难的情绪。

一天晚上，我啃完一本哲学书，惬意地步出家门，来到县城边沿的马路。海岛上的人车本来就稀少，夜晚更清寂。南国仲秋的海风，携来薄薄的凉意。我信步走着，猛然发现道旁一些树似曾相识，有低垂婆娑的枝条、细长而碧绿的叶片。走近细看，就是柳树。大道的两旁，种着柳树，而这两三年里我几乎天天走过这里，却从未发觉。柳树在路灯下，通体发光。我自然记起张晓风的《柳树》中的句子：“别的树总有花，或者果实，只有柳，茫然地散出些没有用处的白絮。别的树适于插花或装饰，只有柳，适于霸陵的折柳送别。柳差不多已经落伍了，柳差不多已经老朽了，柳什么实用价值都没有——除了美。”“柳什么实用价值都没有——除了美”，这句话，说的不正是哲学的本质吗？哲学确实一点“实用”也没有，但它把人的心灵引入自由的思想王国，好像文学，不能传授教学技巧，却使人有情，使人懂得美。想到此，我振奋不已。

从此，哲学书籍，成了我案头的常客。

然而，人到中年，时间与精力非常有限，何况我是教师，要教学，还要做行政事务，不可能读尽天下好书。四年前，受傅国涌先生的影响，我开始研读和整理民国教育文献。为避开那些人人皆知的“民国往事”，我着手搜集民国时期一些名家留下的回忆录、日记、传记、口述史等，尽量占有第一手资料。然后一边阅读，一边寻找写作灵感。

读民国前辈们的回忆文字，除了了解他们的经历，积累写作素材，我还有一个意外的收获：老一辈人对世事、对人生的通透理解，无形中影响了我的教育观、处世观、生命观。

研读民国史料，是我四年来以及今后一段时间的主要读书方向。进入这种专题性的阅读，也就进入我阅读史的第二阶段——精确阶段。这一阶段的阅读，最大特点就是提升阅读质量，而缩小阅读范围，最终把读书的目标锁定在相对集中的领域里，其过程类似于凿井，先准确定位，然后深挖不止。这种精确阅读，方向明确，心无旁骛，阅读效率倍增，成效也明显。三年来，我已编选出版了三本有关民国教育的书籍，另一本专著也即将面世。

阅读的第三阶段，即综合阶段。这是尚未开启的时期。想象中，某一天我会从民国教育中跳出来，展开另一种读书姿态：随心所欲地阅读。到那时，读什么书大概都差别不大，读书不再是研究，也不抱任何目的。读书是读书，就像呼吸是呼吸，仅仅是生命之必需。我向往那样的日子，风淡云清，心无挂念，世间无物不是可读之书，虽然，也许那时我已老了。

近年，书越聚越多，成了我的负担。一间大书房，“顶天立地”的大书架，全是书。我终于痛下决心，着手清理旧书，或赠送，或当废纸。这是一件伤心事。现在，一本书握在手上，我不得不更为谨慎和挑剔。我在文学、社会学、史学、哲学等领域里，都尽量读为数不多的经典。林语堂先生戏称这少数经典著作为“情人”。每次出远门，我背包里，必有一两个这样的“情人”为伴，如此心里便有了别样的踏实，虽然许多时候，我却根本无暇打开。

书，无论比作朋友，还是喻为情人，皆是妙语，但读书之事，在我看来，还是少而精为宜，“专一”更佳，并且是“老的好”，尤其人至中年以后。

（作者系福建省特级教师，首批福建省中小学教学名师）

人生若只一书虫

罗从政

脑海中，时常浮现出一条书虫——慵懒地趴在书页里，身子轻轻挪动，泛黄的书页上，字迹一个个消失——那是书虫在“吃书”呢。当我看到这条书虫时，它没看到我，或者装作不理我，若无其事，悠然自得地啃自己的书。我对它产生了好奇，久久地盯着看，越端详，越发感到虫子的宁静，犹如受到道家“超脱”的指点。直到我看到一条虫子身上，散发着一道异样的智慧光芒时，我才读懂了这条虫子，也记住了这条虫子。

我是多么羡慕这条书虫啊！它的一生，只为智慧，与世无争，淡然出尘。它一定还向同类无言地播撒着书籍中汲取的营养。

真正看到书虫，那是多年前的事了。书是外公给我的，没有封皮，残缺的文段里都是神话故事，黄得陈旧的书页中，既有纸张的霉味，更有醉人的书香。那是个没有书的年代，我生活的世界，除了父母日日耕作的黄土地，就是绿了又黄、黄了又绿的庄稼，还有怎么也望不穿的秦巴山脉。

枯燥的童年，没有泯灭我内心深处的悸动，那条书虫，时时在心灵深处蠕动。

繁重的学业压力，没有给我更多的时间，去思考一条书虫的生命历程，它只活在我忙碌之后的幽深暗夜。

终于熬到了大学——中学时代确实是熬过来的。或者说，是对那条书虫的期待，给予了我更多走进象牙塔的动力，让我完成了家族日盼夜盼的愿望，我也从中得到解放。

大学的生活，并不是如我所想。枯燥的专业课，一些形式化的活动，浮躁的群体，空虚而无法排遣的心灵……这一切，像一只猛兽，把我梦中的战场，击得破碎，狼狈不堪。我成了一个彻头彻尾的失败者，面对我的，是无法逾越的高墙，没有一条路属于我。为了学历的出发，原本就是一条不归路。

当我站在崩溃的边缘，正准备顺流而下，用虚无结束一切、忘记一切时，一声耳语般的声音叫住了我，蓦然回头，一抹流星般的光彩划过天际。那声音，该是书虫啃书的“窃语”吧！那光彩，该是书虫身上散发的光芒吧！那条尘封多年的书虫，又在我的心中复活了。我毫不犹豫地转身，走向了天地的另一个角落，促使我改变一切的理由很简单：去做那条留在童年记忆里的书虫吧！

那些日子，从通俗杂志到文学期刊，从当下流行到经典巨著，从人生感悟到心灵反思，从掩卷长思到震撼泪流——就像那条书虫，我在书海里爬呀爬，一句一句地咀嚼，一篇一篇地回味。阅读中，我克服了乡村成长经历的封闭和自卑，读懂了父亲对于那片土地的深情，理解了某些人生无常的悲欣交集……

在阅读的时间里，我忘记了一切，甚至记不得身处校园，甚至错过了交作业的时间，甚至拒绝了别人认为难得的派对。与书虫相伴，冷暖自知，书香氤氲，充实了我的空间，也丰盈了我的思维，增添了生命的精彩。

思考，是阅读之后的产物。我也终于明白，那条看似悠闲的书虫，脑子里时刻都在沉思呢。反思是文学作品的使命，对于生命的反思，是文学的意义所在。当我想到这一层，我再也按捺不住。是的，我已经不能仅仅满足于阅读，我必须找到一种可以释放思维的方式，抒发内心波荡的涟漪。

写作，或者说是阅读的另一种表达，再一次救赎了我。

阅读、写作、观察人生世相、思考众生百事。每天，我用一颗敏感的心，用一颗热爱生活的心，面对我所在的世界，体悟文字与现实，描绘故乡与旅途。直到大学三年级，我和另一个意趣相投的朋友，合著出版了我们的第一本书。翻开那本酝酿多年的集子，我没有过多欣喜；相反，文字中捉襟见肘的拙劣表述、粗浅装饰的文笔、走马观花式的转场、根系狭隘的思维，让自己惭愧不已。

向心书虫的人，怎么能容忍索然无味的字纸呢？就像爱干净的人，怎么能接受衣服上的污点呢？好在，那条书虫还在我心中，每当我站在彷徨的路口，虫子就会给我提示。这次，我没有过多的徘徊，毅然选择了做回那条书虫——像那条虫子一样，在书籍中耕耘、遨游，智慧的光芒，会为我指明前进的方向！

静静的暗夜，昏黄的灯光下，夜无眠，我选择了打开一本书。漫漫人生路，看似遥远而又短暂的旅程，我独独向往做一条书虫。

人生若只一书虫，多好！

（作者系陕西省安康市高新中学教师）

读书，是另一种生长

季　勇

姑且不算年少时胡乱地翻阅取乐以及为了迎合学校教育而读的书，真正的有“取向”的读书求知是在做教师后。教师，特别是语文教师与阅读是血脉相连的。读书是教育的达成和归宿，更是其手段和方式。“根深则本固，基美则上宁”，教师是教育的本体，如果教师不染书香，教育的本义就已经折落、枯萎。初步的阅读还起源于这样质朴的务实观念：未成“经师”，何为“人师”？但是如果我们没有对知识内容深层次的理解，就妄谈教育艺术、教育情怀和教育理想，一切恐怕是无根可依的浮萍。我们能够把知识内容讲多实、讲多透，更多的是我们对知识内容的“化融”有多实、有多透。真正好的教学是内心的自然流露，而不在于“术”的层面的方法、模式。

受制于自身的文化素养、人文底蕴，日常教学中最为“乏力”的是文言文教学，这也成为我读书的现实需求。在中国文化的传统中，很少有纯粹的作家，知识群体产生之日起就是以“治国平天下”

的政治目的为最高任务，他们的一切话语建构与阐释活动无不以这一目的为核心，因此，文章不过是读书人在特定阶段的“咏怀”——包含修身理念、治国思想、仕途感触等。我们要理解文言文，首要任务是理解“人”的处境、抱负、理想，要沿着历史长河追寻写作缘由，在重要节点深度挖掘写作情绪，和作者一起经历那段人生旅途。由此，我们语文教师必须要读几本“打底”文化的历史书籍。我的手头一直存有袁腾飞的《这个历史挺靠谱》、蔡东藩的《历朝通俗演义》以及《易中天中华史》这几套书，大多前前后后看了五六遍，有些还在手机软件中下载了 MP3 格式，空闲的时候就听上几个章节。当然真正读的时候还要借助于网络不断地向深处“漫溯”。

中国文化思想的传承不是达尔文的“进化论”，而是呈现“强者恒强”的集聚性：一是时间的集聚，整个文化先是以先秦、唐宋两个时段的突然的大爆发，除此以外就是冷寂、萎缩；二是人物的集聚，先秦诸子大家的思想，韩愈、柳宗元、苏轼等大家作品光辉灿烂，以至于后人无法企及。正如我在接受《中国教育报》采访时所言：在通史“打底”的背景下，我逐步把阅读的重点聚焦在先秦诸子、唐宋大家上，形成对他们跌宕起伏又波澜壮阔的人生解读。就我所喜欢的苏轼，我阅读了国学大师林语堂的《苏东坡传》、康震的《康震评说苏东坡》、朱刚的《阅读苏轼》、王水照的《苏轼传》等书籍。

在读书的过程中，心中更升腾出这样一个想法：以传统文化为经，以中学教材选文为纬，形成 12 位古文“轴心”作家立体研究，通过一两年的努力，能够编辑成书。已经完稿的有王安石、李白、苏轼、韩愈以及先秦诸子等篇目。在《苏轼》导言中我写道：爱苏轼，不仅仅在于他的才艺，更在于他独特的人格魅力。苏轼有一颗善良天真之至的心灵，好像洁白无瑕的碧玉一般，让我们无限敬仰。源于本真之心，在剧烈的党争中，他不追求个人荣辱得失，屡屡在关键时刻刚正直言，而频繁遭到贬谪。源于本真之心，他的写作只是内心自然地流露，思想境界亦随境遇之变、阅历之广而不断深化。源于本真之心，他不断坚持操守，锤炼心境，将磨难升华，进取、正直、慈悲与旷达的精神，使他达成文人士大夫的最高精神境界。我想必须要有“史”有“人”的文言文教学，才能通过文言这个工具去汲取传统文化，担负起“以文化人”的教育责任，达成学生言语生命的生长与审美、精神创造和文化传承的自觉，提升对人、生命、人生价值的认识境界。

师傅凌宗伟老师则正告我：“教师成长的功夫在诗外，就看语文教育的书，你是成不了气候的，要把视野延伸到教育的典籍上，那样对教育才会洞明，才能达成灵魂的敞亮。”师傅邀请张文质先生3次到学校，组织我、邱磊、朱建等年轻人成立了“二甲中学张文质之友读书俱乐部”。我们得以和张文质先生共进晚餐，一起开展论坛，这也是对自我存在状态、自身价值、教育追求进行一种批判性的反思。黎巴嫩著名的诗人纪伯伦曾经感叹：“我们已经走得太远，以至于忘记了为什么而出发。”循着生命的气息，我们读书会成员开始共读杜威的《民主主义与教育》，我帮助邱磊编著了《偷学杜威——解读杜威的十二把钥匙》一书。杜威在书中不时提到康德，师傅又托人从台湾购买了“五南文库”的《康德论教育》和《纯粹理性批判》。康德特别推崇法国卢梭的《爱弥儿》，我们又读了《爱弥儿》。无论是卢梭、康德还是杜威，都重视对人类生存意义和价值的关怀，人文精神一脉相承、源远流长。

一直拘囿在应试的围墙中，也必然带来信仰的荒芜和价值的偏转。而当社会不断地鼓噪教师悲剧色彩的“蜡炬”“春蚕”的时候，教师也就失去了真正“道”的意义上的职业幸福体验。卢梭开创了新的教育方向，将儿童置于教育活动的中心地位，将儿童当成“高贵的原始人”。康德接受了卢梭关于教育价值的看法，认为教育的价值是“使人成为真正的人”，人性的崇高和人类的伟大是教育造成的。在教育目的上，康德特别强调道德教育，认为最高的教育目的不是知识的传授和智力的发达，乃是道德的完善。杜威提出了“教育即生活、学校即社会”“儿童中心主义”等新的实用主义教育理论，并指出：“教育即生长，除他自身之外没有别的目的。”教育的价值在于充分自由地发展儿童的智慧和性格，形成对社会的基本态度，从而实现民本主义社会。从中，我们不断呼吸到“生命”的气息，内心充盈着“人”的观念。

在这些教育经典醍醐灌顶式的唤醒下，我内心有一种重生的感觉，从“是什么”和“为什么”两个维度重构了一个自己的教育新哲学。当下教育价值多元、教育书籍也趋于纷繁复杂，如果我们没有自己的教育哲学，就会迷失在教育阅读的丛林中，找不到方向。正如凌宗伟老师所言，教育的经典就那么几本，柏拉图、亚里士多德、夸美纽斯、卢梭、康德、赫尔巴特、杜威、雅思贝尔斯，它是一个人教育信念、信仰、理想的源泉，也是教学和教育的原点。

“教育乃是使哲学上的各种观点具体化并受到检验的实验室”，

读教育必然离不开哲学，读教育经典的时候，更是对哲学的一个认识。我们的传统文化中没有形成哲学。从孔子开始，我们的先哲“入世治世”之心太甚，四处“推销”自己的思想。其思想的弊端就是对“异见”的钳制，对思维的控制。老子的《道德经》中曰：“埏埴以为器，当其无、有，器之用。”其有之利，远不及无之用。秦用法家为师、西汉独尊儒术，必然带来思想文化的萧条。西方文明以“真理”为师，不断孜孜探索“认识”，朝着一个共同方向前行，形成了纯粹的哲学。哲学是一切文化、科学，尤其是人文社会科学的载体、思维工具和精神基石。所以最终在科学技术、民主体制、工业文明等方面，西方走在了东方的前面。“认识论”是哲学研究的主体，哲学是对全部人类认识活动的再认识，是认识的反思。这种体认和反思有助于我们对教育规律有更新更全面的认识。

就着“认识论”的主题，我开始阅读哲学书籍，研究“学习理念”简史。就“知识来源于理性”，我先后读了柏拉图的《理想国》、笛卡尔的《谈谈方法》以及莱布尼兹的《形而上学序论》。而洛克在《教育漫话》中，提出了著名的“白板说”，认为人的心灵如白板，观念和知识都来自后天“经验”。康德在《纯粹理性批判》中对“唯理论”“经验论”进行批判，提出了“先天综合判断”，调和了两者的对立。斯金纳在其经典著作《有机体的行为》中把巴甫洛夫的条件反射理念运用到“认识”，把关注焦点集中在思维的“进口”和“出口”上。皮亚杰的《发生认识论原理》从心理学的角度认识“认识”，形成建构主义“认识论”。大卫·苏泽的《教育与脑神经科学》把视野转向学习的必由之路：大脑，用生物神经学来解答学习的疑惑。

而我们的教育认识还禁锢于一元哲学中，或者说，“认识”的理念我们只会“东施效颦”般在论文中引用。我们的教育以及教育人缺乏哲学意义上的怀疑精神、批判精神、分析精神和实证精神，所以，我们形成不了我们的“认识论”。

我们曾经的“入世治世”的务实精神已经退化为大学教授“关起门来做学问”，一线教师则是“关起门来死教书”。西方教育大家，大多把教育理论贯彻于自我的践行之中。学术“产学研”如果不结合，研究就毫无意义。杜威，根据他的教育哲学创设了“杜威学校”；苏霍姆林斯基，1948 年起至去世，一直担任他家乡帕甫雷什中学的校长。当下西方“一流的人才不会在学术界”。阅读是与书籍的对话，但又不止于对话，还包括自我的生长以及教育行为的改善。这也许就是读书真正的意义。

（作者系南通市通州区金沙中学高级教师）

读书是一种“翻墙术”

段 伟

一本泛黄的《唐宋诗词选》，让我在中国古代文学史上两座并肩而立的高峰中探幽览胜，激起了我对文学的浓厚兴趣：大漠里的直上孤烟，客船上的难眠渔火，让人叹为观止，凝结着辽远，负载着磅礴。梧桐上洒落的细雨，明月下闪过的鹊影，让人目不暇接，蹁跹着缠绵，氤氲着温柔。

文学是大地通向天空的道路，读和写能让自己变得强大。《红楼梦》当然伟大，可相当长的时间内，我对于娓娓讲述的繁华旧梦，贵族男女青春风花雪月的悲剧人生，没有迸发出应有的热情。以“天命”与“人道”为命题的《三国演义》尽管展现的是帝王将相的权力角逐，离我的生活很远，可就是因为有智而近妖的孔明，我爱不释手。对于述说边缘人生草莽群像苦乐悲欢的《水浒传》和苦行者歌吟的《西游记》，我则与公众欣赏角度相反，我喜欢这种借幻写真的较温和的反抗方式。为特定时期的中国知识分子“写真”的《儒林外史》，由于学过《范进中举》，所以对其切肤之痛，理解较深，因为在貌似浅俗的背后，在这些热闹的故事里，夹杂着许许多多的厚重。

这种思辨审慎的读书法慢慢得到印证。大学期间，西方哲学思潮席卷而来，青年学子对国家的前途和命运尤为关切，萨特的存在主义、尼采的意志论、弗洛伊德的精神分析和罗尔斯的正义论，可能深深影响了一代人。《窥视者》《通向奴役的道路》和《政府论》给了我迷惘的思考某些清晰答案。多年过去，眼见着现实里有太多的无序、细碎、隔绝、纷乱又冷漠，事物多缝隙，没有什么能预知，这些感受总离我很近，也无意识中离印象早已模糊的《窥视者》很近。

我对音乐、对友谊、对爱情的启蒙源于罗曼·罗兰的《约翰·克利斯朵夫》，30 年了，我仍觉得克利斯朵夫与奥多和奥里维之间的友情，与葛拉齐亚的爱情是至纯至美的人间绝唱。尽管“托尔斯泰代表俄罗斯文学的广度，陀思妥耶夫斯基代表俄罗斯文学的深度”，但大概是因为诺奖情节，我对身份复杂的“红色经典”《静静的顿河》情有独钟。小说一方面出色地描绘了顿河宁静的草原上哥萨克人本真的生活，另一方面刻画了布尔什维克们的残酷与冷漠。而今苏联政权已经瓦解，重读这部作品不难发现，和彼时苏联主流文学截然不同，它处处流露出对苏联“国家乌托邦主义”的颠覆，我想《静静的顿河》被称为“红色经典”实在是一个美丽的误会。

我读书一向随兴所至，漫无边际，缺少条理和系统，但是后来发现，那些书与书之间存在着隐秘的联系。经由这些文字，我们可以分享作者的知识经验，感受也许自己永无机会体味的生活滋味，甚至可以像读张爱玲、金庸的文字一般，被引入一个神秘且韵味绵长的全新世界——张的爱恨上海滩，金的情仇江湖录。

进入不惑之年，也许是人过四十天过午，也许是传统知识分子“立德、立功、立言”不朽价值观的鞭催，我有了系统读经的愿望，但心力修为浅薄，让我读得多，偶有所得，真正读懂的却甚少。其中《心经》《大涅槃经》是必读的入门，我并非想去皈依，而是通过圆润流畅、典雅质朴的文字试图触摸彼岸，寻找灵魂的家园。至于中国哲学，我下功夫最大的亦是《老子》《庄子》以及儒家的“四书”。在我看来，它们才是当之无愧的中国文化原典。你要是不理解道家老庄，不但理解不了魏晋的玄学，而且也理解不了唐代的禅宗；后者区别于天台宗、唯识宗的最大特点，就是和老庄以及玄学的精神结合起来了，所以才能成为最有中国特色的佛教宗派。

心中有梦，粲然若花。旧时的一点中国心早已化在血液里，不露峥嵘，贞立人格；徜徉在欧美优秀外来文化中，激荡心智，沐浴灵府。以今视昔，看过的风景，读过的书，指引着我走到现在。读书其实就是在自己的心里撒满阳光，让自己的语言充满魅力，把精神带进课堂。自然界有一种植物叫“爬山虎”，随着它的成长，一步一步向墙上爬去，尽管它的“手”向四处延伸，但它的目标始终向上。当它攀得够高时，便能翻过那座高墙，领略高处的风景。读书也能帮人翻越眼前的障碍，使人达到更高的境界。

（作者系湖北英山实验中学大别山区种子教师，

蒲公英评论特约评论员）

读书改变气质

潘裕民

北宋理学家程颢在《秋日偶成》诗中云：“闲来无事不从容，睡觉东窗日已红。万物静观皆自得，四时佳兴与人同。”刘勰论文学创作主张“贵在虚静”，讲究“入兴贵闲”，如此才能进入最佳状态。可是，如今时代却有些浮躁与功利。在这处处充满诱惑的年头，一个人要做到“目不斜视”谈何容易。不少人追着利益走，跟着欲望走，盯着权位走，随着时尚走，物质焦虑症使人丧失了“专注”的能力。而读书能让人沉潜，让人保持内心的宁静，以求“自得”之乐。

在一定意义上说，读书就是与博学的先生对话，他以和缓的语调，告诉我们物质的速朽和精神的永恒。譬如当年唐宋，曾肥马轻裘、雕梁画栋，而存活于人心不朽流传的，却是激扬精神的诗词咏歌。尤其在当今时代，人们的生活紧张而忙碌，更需要人文作为调剂，文学是最好的选择，唐诗、宋词更是其中的精品。现在有一句很流行的话：“生活不只有眼前的苟且，还有诗和远方。”说明诗在人们心目中依旧代表着美好的事物和理想的生活。何况眼前的苟且，或许就藏着诗和远方。

从人类发展史看，文明与阅读是密不可分的。读书是人类特有的精神生活，也是人类传承文明的主要方式。对人来说，恐怕没有比读书更好的精神食粮了。因此，宋代诗人黄庭坚深有感触地说："三日不读书，便觉语言无味，面目可憎。"清代的萧抡谓也说："一日不读书，胸臆无佳想，一月不读书，耳目失精爽。"

的确，读书人与不读书的人是不一样的，这从气质上便可看出。《曾国藩家书》中有言："人之气质，由于天生，本难改变，唯读书可变化气质。"这话说得真好！其实，每个人的身上，都可看到阅读留下的不同痕迹。正如复旦大学骆玉明教授所说："一个人一辈子要读过一部大书。读过大书的人，会有不一样的气象。"因为以书为凭，可思接千载，视通万里；有书作媒，可穿越古今，知晓天下。读书，不仅仅是知识的源泉，也是滋养人们美好心灵的必由之路。我曾经说过，读书是有境界和品位的。有境界，则自成高格。换言之，阅读不一定能改变一个人的长相，但一定可以改变一个人的品位和气质。有些人相貌普普通通，但其言却让别人感到"听君一席话，胜读十年书"，令人如沐春风。你会觉得他深邃厚重，气质不凡。

什么叫气质？"气质"，语出宋代张载《语录钞》："为学大益，在自求变化气质。"现代西方心理学的气质是指人的心理素质、内在修养和外在行为的总和，一般是指人的个性特点、风格气度。人的气质是先天与后天的统一，内在与外在的统一，率真与理智的统一。清华大学附属小学校长、小学语文特级教师窦桂梅说："人，要有气质，要想真正地漂亮起来，一定要读书，读书是最好的'精神化妆'。"

不可否认，读书的人确实具有一些特别的气质。这种"儒雅"之气，是通过一个人的一言一行、一举一动折射和体现出来的。正如培根所说："把美的形象与美的德行结合起来吧，只有这样才会放射出真正的光辉。"必须指出的是，这种美好的气质或风度并不只限于那些外交家、政治家和影视明星等公众人物，它也体现在普通人身上。从更广泛的意义上看，读书对一个人综合素质的提升也具有一定意义。一个认真阅读过孔子、托尔斯泰、莎士比亚的人，其素质肯定差不到哪里去，也一定会对学习和研究产生兴趣。

从这个意义上说，阅读及其质量，的确关乎一个人的素质养成和精神状态。苏霍姆林斯基说过："无限相信书籍的力量，是我的教育信仰的真谛之一。"气质于人的确很重要，一个没有气质的美女，会被人视为花瓶；一个没有气质的学者，会被人视为腐儒；一个没有气质的官员，会被视为庸官。但真正的好气质，不是刻意作秀，而是不经意地自我展现，不是装腔作势，而是言行举止的自然流露。

在现实生活中，人的气息有正、邪之分。正气，人们都愿意接受和弘扬。邪气，人们都不喜欢或厌恶。作为一个人，我们应有正气、大气、骨气、志气、灵气、和气、地气等。苏轼说，"腹有诗书气自华"。看看朱自清、罗庸、罗常培、闻一多、王力等西南联大教授的精神气质，还有资中筠、叶嘉莹、龙应台等知识女性，这句话绝非虚言。难怪有人说，40岁之前不美丽是上帝的错，40岁之后仍不美丽就是自己的错。阅读，也是为自己的美丽负责。由此我想起一件事情：作为北大学生的冯友兰，第一次去办公室拜会校长蔡元培，回来用“光华霁月”来形容当时在场的感受，那是一个浑身充满光辉的人物，由于这个人的存在，整个办公室都被照亮了。美学家叶朗认为，这是因为一个人的精神境界有高有低，中国的传统要求我们要不断提高自己的精神品质，涵养气象，这就必须读书，就必须有生活的积累，思想的积淀。因此，我们要牢记郑逸梅先生在《幽梦新影》中所说的话：“不读书，不看云，不焚香，不写字，则雅趣自消，俗尘自长。”因为，只有书香的熏陶、文化的涵养，才会使我们的思想保持鲜活的亮色，与时俱进，体现出时代气质。

（作者系上海市黄浦区教育学院原副院长，
上海市作家协会会员）

满肚书话要倾诉

孔帆升

断续用了几天时间，搬书柜，清理书，掸其尘而抚其身，不无感慨也。

奇怪，近些年每沾上书，心就回到了乡村。此刻，我像抚摸农具和老屋石墩木壁一样，有着几分痛怜与不舍。今又一次把书从成捆中解脱出来，初步分类，放上书柜或打包。也如一年一度去触摸乡情，分辨那些日益衰老的面孔与那些老树返青般冒出来的新面孔，心底竟酸酸楚楚的不是个滋味。

面对千本万书，让它们上岗的上岗，任要职的任要职，打杂的打杂，退休的退休，返聘的返聘。它们谁都绝对服从，毫无怨怼。唯此时才当一回书的主人，决定这些书的升迁进退，有了些许的成就感。然百无一用是书生，面对纷繁而又令人焦灼的世界，以我之能力，怕也就只能动动手，垒垒书的高低了。我读书没有多少精力与定力，我说话没多少人听，也鲜有要者的信任与理解，我想做事一时做不了，还有多少价值呢？于是，每每躲进小楼，由现实逃遁到书本，去寻份寂寞存放易伤的灵魂。

吃惊！我平生读书有限，用书不多，怎么就有这么多的书哪！它们是我的吗？又是何时从何地投奔了我这个昏主的呢？三大书柜三个铁柜外加一木书柜，塞了两间卧室，真是孔夫子搬家——尽是书。若要再搬回家，这些书耗的时间与人力，绝对是麻烦头痛的事。我于是祈祷人与书相对安静，别弄得书散狼藉。当然，重要的是别发生地震，因为我无法确保不弃书而逃。

若一个人关心不了党国大事，无德能彰显社会文明，也就只能拿书分等级，以便使其各自享受到该享受到的阳光、灯光、目光和空气。我把藏书分为六流，自以为自己出版的那三本书至多属下五流，羞于见光见人，其所余残部打包送给初中生，看有愿意接受的否？是的，记得是免费送给家乡中学一些“废书”的。

我也是敝帚自珍， 爱书一辈子。有佳人焉，只宜金屋藏娇，决不示人。这些书有父亲或是祖父传下的民国或是清朝的字典，有新中国成立初的、“文革”时期的，而20世纪八九十年代的居多，时间越久越见珍贵。

电视连环画《水浒传》全套41集，原价130元人民币，此乃稀品无疑哉。

有各种史集、文集与中外名著，也有诸多如砖一样厚的工具书。精品书从《本草纲目》到《辞海》《上下五千年》《十万个为什么》，都是几斤，几十斤一套。其价亦可与金银价好有一比。除了金砖银砖外，这种书大概算是最重的砖块了，真担心它会把质量不过硬的房子压垮。

文摘及文选类杂志，也是一大累赘。都像被俘般粗粗捆着，塞进铁柜，如坐牢一样暗无天日。

各类大型书画集，精装集邮本，当如数家珍。仅一本《共和国六十年摄影集》就是 800 元人民币。天哪，我买过一件这么贵的衣服没有？连买个戒指给爱人戴戴都没有呢。

近年，我不自觉地向宗教靠近，还向宗教刊物投稿。有精装木刻版《道德经》，有《圣经》，也有各种佛教书，连相术易经也有，这些书仅仅翻翻，偶尔感悟一下。除了爱书能让人不至于飘浮，宗教思想也会帮我去除某些心魔，这是任何人无法代替的。相术则完全是一种把玩。我宁愿与古人交流，与宗教交流，与远方陌生者交流，也不想轻易把一颗心交给身边人。

诗、小说、散文、杂文、报告文学、评论，风格迥异，各有千秋。著者涵括欧美亚各国，从皇帝、元首到重臣、学者、巨匠、专家以及平民。书柜上众星闪烁，却寂然无声，是不是真正的朋友都是无关尊卑的沉默者呢？“大音希声，大象无形。”想想这，又有何不释然呢？即便上帝就招我去，卑微如我者，又何曾不是脱离了书海苦海，升入了天堂呢？

也许书是我的宗教，我的重要精神食粮。而当下，书真不能当饭吃。大米涨到几元一斤，青菜动辄几元一提，可爱的“废书”仅 4 毛一斤。世人都热衷功利，我却食古不化，终身不二与书相伴。在危机倾轧之下，守着书山过穷日子怕是难受的，不知我能像朱自清那样耐得住清贫否？当一些人动辄建房买车时，我的自豪也只能是与书相看两不厌了。

这么多书，我真想拍卖与变卖部分，换点油米钱，缓解物价飞涨带来的压力。不是我薄情，是我根本就没能力养书。书要防潮防晒防虫防撕，我是日渐心力不济了。百年之后终要死别，生离又何足悲！

这些书，65% 以上是自己买的，10% 是讨要的，10% 以上是工作期间单位给订的，剩下的就是“窃”来的，如借来未还的，友人送来的。借而未还的，我会主动送还，了却主人与书的相思之苦。

这辈子搬家上十回，书亦随我辗转，从一个小木箱，桌上两本工具书，终于毫无道理地慢慢地发展起来，占据着我的生活空间，侵蚀着我的年华。书害我清贫清高，书亦在人生绝处挽救了我。

平生未写几篇像样文章，却如书痴般见了书刊就挪不动步，终致成了老书奴。今天气喘吁吁，两餐未食，怕是像鬼迷心窍般受了蛊惑，活该为书所累。

（作者系湖北通山县委党校常务副校长）

心中的读写

贾绪康

平日的生活相对比较单调，除了运动就是读书，就像网络上疯传的一句话：要么读书，要么旅行，身体和灵魂至少要有一个在路上。有时自己也会暗自窃喜：我是做在这句话产生之前的。当然孰先孰后这不重要，重要的是，对于读写，我是发自内心地热爱。心中的读写，不同时期都有不同的样子。

读写是一种内在驱动

小时候最喜欢去的地方就是舅姥爷家，因为他家有好多小人书、连环画，由于两家靠得很近，所以平时没事我就跑去过把读书瘾，虽然不识字，但里面栩栩如生的画面、活灵活现的人物，再加上舅姥爷绘声绘色的讲述，我坐在他的旁边，听得也是津津有味。后来听得多了，便开始自己翻阅，一遍两遍、不厌其烦，渐渐地学会了自己讲故事。每当家里来客人，我有模有样地给他们表演时，看到他们脸上的笑容、赞许的眼神，心中有一种自豪感油然而生，同时，对书的作者也产生了巨大的崇拜感。

父亲酷爱读书，床上、桌子上、提包里，甚至厕所里，都放着一本书，每逢这时，我就会想：书里一定有啥好东西，不然父亲怎么会如此入迷？父亲上学时是学校里的高才生，尤其以文采斐然出名，高中时是校广播站站长，作文经常被当作范文油印发给同学们学习。记得小时候，父亲经常给我讲他们那个年代的故事，童年、学生、劳作，等等，偎依在父亲的怀里，听着这些生动有趣的故事，当时心中就有一种朦朦胧胧的想法：将来有一天我也要像父亲一样，拿起笔来记录生活，抒发感情。翻看父亲高中时期的作文，感觉爱读书、会写字的人真是了不起，内心更是羡慕不已！

从小时候起，读写的种子便在我幼小的心灵中生根发芽。

读写是一种生活习惯

步入社会参加工作已近八年，现在回头想一想，学生时代并不是真正的读书，而是看书。年龄小、社会阅历浅，那时的读书大多限于课本之内，顶多再加上新概念作文之类，甚至对于教参书中的文章也是一知半解（当时总以为自己对作者了解了，文章背诵了，习题做对了，对文章也就通透了，一直到后来回炉重读，才发现当时自己的想法是多么浅薄！）。真正的读书绝不是走马观花、蜻蜓点水、贪多求快，而是寻一处安静的地方，怀着虔诚的态度去品味、提炼。每次读同样一本书、同样一篇文章、同样一位作者，都有不同的收获，这种不断超越自己的感觉，很好！

工作以后的生活延续了学生时代的一大习惯——读写。一人独自在外工作，最好的朋友便是书籍，正是因为有它们，单调的生活变得格外充实，它们给了我最大的陪伴，也给了我最好的营养。从一个宿舍搬到另一个宿舍，我最珍爱的都是我的书籍。直到拥有自己的房子，我迫不及待地把它们一一请到了我的书房里，看着书架上一排排整齐的书籍，心想你们再也不用受委屈了，你们也有家了！

我喜欢表达，更喜欢用文字的形式，因为文字所表达的东西永远是意犹未尽的，是值得反复推敲的。这也是文学作品中，为什么经典能够流传千百年而经久不衰的原因，这些文字是具有旺盛生命力的，而且不分时代与地域。从投出第一篇稿子后忐忑不安的心情，到每天第一时间打开邮箱查看回复，再到收到第一个用稿通知，文字变为铅字，这是一种莫大的兴奋与肯定，也是每天坚持读写最大的动力所在。

读写是一种生命状态

读，读的不仅是书，读的更是人、事、物，更可以是整个人生。读书，不求黄金屋，不为颜如玉，只为增长知识、增加智慧、提升气质，读书，可以遇见更好的自己。

写，不单纯是为了发表，更多是为了更好地表达、沟通，通过写作，更好地去体验生活、与自己对话、与他人交流，手里有了素材，心里有了灵感，不吐不快，写出来，欢畅淋漓！

坚持读，读更有深度的书籍。

坚持写，写更有温度的文章。

（作者单位：山东省莱州市教育体育局教研科）

读和写是教师成长的咖啡伴侣

段　伟

生活中一些人钟爱咖啡，恋上咖啡入口时那沁人心脾的苦味，入喉时那醇香甘冽的微甜。其实读和写何尝不是如此？阅读要采撷书中思想精华，是参悟天地之苦；写作须追求行文的骨骼血脉，是谋篇遣词之苦。但行进中缱绻了品读的愉悦，氤氲着写作的乐趣，恣意张扬挥洒与文字相处的别样气息。

阅读，是生命的一种状态，也会沉淀为一种素养，升华为一种视角的高度和宽度。夜静伏案，一卷在手，驰骋古今，经天纬地。正如宋代程颐所言："外物之味，久则可厌，读书之味，愈久愈深。"浸润在书香里，品读文字，虽吉光片羽，但雪泥鸿爪可能成为生命中的"伏笔"，或神秘而美妙的"线索"。看小说，丰富生命的阅历；读散文，品味人生的滋味；诵诗歌，感受世间的情怀。

阅读是种健康向上的精神状态，力臻高格的追求。人若爱读、善思考，慢慢会走出狭隘和肤浅，变得内涵丰富、乐观进取。因读书而积淀的"魏晋遗风、唐宋风骨"，会潜移默化地渗入骨血之中。

读着、读着，你会发现你不再人云亦云，你有你的“筋骨”，心有戒、行有界，“唯心亨，行有尚”。

阅读是为自己寻一处灵魂的栖息地，“取法乎上”的自我成全。阅读的广度，改变你生活的视野；阅读的深度，决定你思想的高低。“文章千古事，得失寸心知”。读着、读着，你会发现你越来越有悟性，悟出“不迁怒，不贰过”的修身奥秘；你越来越有“问题意识”，会很快甄别出哪些人同根同源，哪些事同性同体。

阅读经典能让你慧眼明流，洞察人生。经典不是炒作，是经过历史沉淀淘洗后的精华。品读经典和品咖啡一样，吸的是一种幽香，品的是一种心智。读着、读着，你会发现你越来越有底气。陶醉于经典绝妙的文字中，你会自然而然地“律己”而“恕人”；你会超越寻章摘句，去关注术的精深；你会淡看情节的悬念和表达的匠心而侧重道的广博。

阅读既是吸纳也是“牛嚼”，是让新旧知识碰撞发生“化学反应”变成你自己的养料，是咀嚼文字的微言精义，“愈挖愈出，愈研愈精”。“我思故我在”。读书，不要仅仅满足于开卷有益，读书还须思考，否则“尽信书，不如无书”。学进来的东西，如果没有同你原有的知识碰撞和糅合，就只能存储在那里。若带着思考去阅读，读着、读着，你会发现你越来越有自己的思想，你会有新的审美期待，较之于那些流光溢彩的美文，你会不自觉地倾向质朴平淡、直抵心底的文字。

读书是输入，一种继承；写作是输出，一种传播。以写之法去读，以读之法去写。写作能拓展我们的心灵疆界。经由自己的文字，我们可以从眼前的世界进入更多、更丰富的“可能的世界”。

写作是思想的磨刀石，写作是教师阅读、思考的外显性标示。思考固然可以不动笔，但不动笔、不形成文字的思考往往是肤浅的、零碎的、浮光掠影的。写作能让你静下心来，写作是一趟深层的思考之旅。在写作过程中，你会把模糊变成清晰、破碎变成完整、零乱变成有条理，你会去反复推敲、反复思考。一路走下去，一路记下来，边走边记，等回过神来，纸上文字便是这趟思考之旅的见证和收获。写作的过程便成了一种吸收性极强的学习。

有人说，锤炼语言就是锤炼思想，追求表达的独特与精致也就是追求思想的独特与精致。文章不厌百回改，反复推敲佳句来。众多名家出大作的经验证明：真正要写出一篇好文章，没有贾岛的“吟安一个字，捻断数茎须”的推敲精神不行，没有王安石对“春风又绿江南岸”中“绿”字的磨砺精神不行，没有郑板桥的“删繁就简三秋树，领异标新二月花”的创新精神不行。写着，写着，你会发现你旁搜远绍的文字越来越简洁明了，钩玄猎秘的思路愈来愈通透畅融。

好的文字是一种唤醒，而不是强迫，是心性里淌出来的一泓清泉。当写作成为一种需要之后，你会发现“写然后知不足”，由此激发你再阅读的渴求。

写着，写着，便写成一种习惯。你会拿捏写作的“思路”和“机关”。你知道哪里要泼墨如水，汪洋恣肆；哪里要惜墨如金，跌宕顿挫；哪里要流岚虹霓，小桥流水。你会记录工作中精彩的瞬间和无奈的苦涩，让“行走中的生命风景”加以定格。你会将点滴的生命记忆和工作感悟串联成思想的项链，去写青春年少的痴心谵语，去写人到中年的雍容淡雅，让心在一行行文字中跳舞，让情在一个个故事中荡漾。

写着，写着，竟写成一种自我。你的语言变得俊逸清新，你的眼睛变得灵动而毒辣。你会“借他人之酒杯，浇自己之块垒”，成“月旦人物，裁量文章，不但能够一语传神，而且谑而不虐，饱含智慧与幽默”。你有你的精识慧解，会观察生活、记录生活，甚至会对某个话题产生持久的关注与思考。穿梭在读、写、思之间，你会不自觉地“诗文随世运，无日不趋新”。你的文字议论精当，斐然成章。

“石韫玉而生辉，水怀珠而川媚”，读和写相辅相成，相互促进。教师自我“补钙”的同时，也为向孩子们源源不断输送最新鲜、最“壮骨骼”的营养提供了保障。读和写是教师成长过程中不可替代的咖啡伴侣。

（作者系湖北英山实验中学大别山区种子教师，
蒲公英评论特约评论员）

|第二辑|

/

生命与书相遇

/

把好书化作自己的灵魂

李镇西

阅读是一件非常个性化的事。读什么书，怎么读，这都和阅读者的兴趣、性格、气质、环境、经历、职业等因素有很大的关系，总之是因人而异，没有什么“公式”可套的。但不同的人之间，交流各自的读书心得，互相启发，彼此参考，还是不无意义的。

还是要先说说那个老话题：“读书有什么用？”我的答案很简单：因为我们是“人”。本来，如果仅仅从生物学意义上看，我们如果不阅读，一点都不妨碍甚至危害自然生命的成长——千百年来，那么多目不识丁的人也活了一辈子，有的还很长寿呢！但是，我们又绝不仅仅是“生物学意义”上的生命体，人之为人在于“精神”，而通过阅读，我们可以尽可能完整而完美地建构无愧于作为一个“人”所应有的精神世界。

正如培根所说：“读史使人明智，读诗使人灵秀，数学使人周密，科学使人深刻，伦理学使人庄重，逻辑与修辞使人善辩。”茫茫宇宙，匆匆人生，“我是谁？”“我从哪儿来的？”“我要到哪儿去？”——

只有真正的人才会对自己的生命有这样的追问。于是，就需要我们徜徉于人类精神文明的长廊，在触摸历史的同时憧憬未来，在叩问心灵的同时感悟世界。

我特别赞成朱小蔓教授对阅读意义的看法。她认为，读书是“有助于人的精神成长的积极的情感。我常常想，人若没有这五彩缤纷、波澜起伏的情感体验，生命是那样干枯、生活是那样暗淡，而有着这些情感充盈的生命和生活是那样让人感到满足、享受和向往。”她进而呼唤：“让读书支撑我们的生命！”

所谓“支撑我们的生命”，就是阅读的意义。但是具体到一本书，我们又很难说“有用”还是“没用”。有些看起来“没用的书”其实对人生有“大用”，如《论语》《孟子》；而某些似乎很“实用”的书其实时过境迁之后“一点用都没有了”，如《2000 年高考复习指导》。

说到阅读的“功用”，又涉及所读书籍的分类。不同的人肯定会有不同的分类法；我根据自己的经历将我所阅读的书大体上分为三类：人生的，教育的，教学的。这三类书对我的价值分别是——宏观层面的认识人生、历史和我们的世界；中观层面的认识我所从事的职业；微观层面的认识并指导我每一堂课的教学。

我这个分类，刚好和网上的一个教师阅读分类有些吻合——教师应该读 20% 的人文科学类的书，读 30% 的教育学、心理学及职业知识类的书，读 50% 的本体性知识的书（即与所教学科本身相关的书）。 这个分法也是三类，大体相当于我说的“人生的”“教育的”“教学的”三类书。但我认为，不同的人，三者的比例完全可以不一样。例如，对我来说，人生类的书倒占了50%，教育类的书占了30%，而教学类的书只占了20%。我这样分配阅读比例，是基于我的一个理念：站在人生的高度看教育，站在教育的角度看教学。

在我看来，阅读究竟有没有用，取决于阅读者是否把好书化作了自己的灵魂？这里所说的“化作自己的灵魂”，不是用别人的思想取代自己的思想，不是所谓“让自己的大脑成为别人思想的跑马场”；而是经过吸收消化后有机地融入并内化为自己的东西。那么，好书怎么才能“化作自己的灵魂”？我的体会是，关键是要“读出自己”，或“读出问题”。所谓“读出自己”，就是从书中读出相似的思想、情感，熟悉的生活、时代，等等，这是共鸣、欣赏、审美，就是“把自己摆进去”；所谓“读出问题”，就是要读出不明白的地方、不同意的观点，等等，这是质疑、研究、批判，就是“与作者对话”。

回忆我自己的阅读，每当我感到心潮起伏的时候，往往不外乎两个原因：要么是从作品中读出了“自己”，要么是从作品中读出了“问题”——前者如我曾经读过的《把整个心灵献给孩子》，我由苏霍姆林斯基所描述的充满诗意的教育故事以及他所揭示的教育中那纯真、纯正、纯净的人性之美，想到自己每一天平凡而同样美丽的教育实践，进而心潮起伏，难以自已；后者如我正在拜读的《“教育学视界”辨析》，作者陈桂生教授对许多人们习以为常的教育“常识”“公理”提出的质疑，敲打着我的心房，使我对作者的质疑以及其他一些教育“常识”也投去质疑的目光，以至放下该书后，我那被作者点燃的思想火把还在继续燃烧。——这种伴随着感情流淌或思想飞扬的阅读，才是真正深入心灵的阅读。

有的阅读，也许只能“读出自己”，或“读出问题”，而有的阅读，则二者兼有。下面我以自己的阅读经历为例来谈谈。

人生类的书很广很杂，哲学的，宗教的，政治的，经济的，历史的，文学的，美学的……这些书对于我了解历史，认识世界，形成三观有着潜移默化而又十分重要的作用。

我是在“文革”期间读的中小学，那个年代除了“老三篇”等毛著，基本上（我说“基本上”）无书可读。但我生长在教师之家，不但我的父母，而且我隔壁的叔叔阿姨都是教师，所以我可以通过各种方式找到“禁书”：《红岩》《创业史》《林海雪原》《草原烽火》《苦菜花》等；到了“文革”中期，我又接触到关于“孔孟之道”的书；后来毛泽东又号召全国人民“认真看书学习，弄通马克思主义”，提倡“读点鲁迅”，于是，从马恩原著及其辅导材料《共产党宣言》《国家与革命》《哥达纲领批判》《无产阶级革命和叛徒考茨基》等到国际共产主义运动的读物，还有鲁迅的书，都成了我高中和“下乡”期间的精神食粮。

这些书的内容涉及政治、哲学、经济、历史等领域。虽然今天看来我读的书依然有限，但在当时毕竟让我的精神世界不那么苍白。少年的我读《红岩》，自然会把自己想成是江姐和许云峰，情不自禁地问自己：如果我也在那个环境中，能受得了吗？答案往往是否定的，我因此对红岩先烈敬佩不已。这是很肤浅地“把自己摆进去”，确实是一种“读出自己”。后来随着“革命形势”跟风读孔孟，读马列，读鲁迅，很多时候“读不懂”，但经过思考推敲，特别是和周围人的探讨，让我有了跨越历史和国度的思考与联想：如果我生活在孔子时代会怎么样？如果我生活在19世纪的德国，会不会也是“第一国际”或“第二国际”的成员，成为马克思、恩格斯、李卜克内西和罗莎·卢森堡的战友？随着时间的推移和时代的变迁，这些书所浸透的阶级意识、政治信仰、思想观点等，可能会渐渐在我心中蒸发，但通过文学形象所传递并最终过滤结晶的精神内核——正义、理想、气节、忠诚、刚毅、激情……则融入了我的血液，化作了我一生坚贞的信念。这种信念，使我将我的教育视为实现我社会理想的途径。这就是对人生“有用”。

后来参加工作了，几十年来，我读了更多的人文历史方面的书，《史记》《通往奴役之路》《近距离看美国》《哈维尔文集》《顾准文集》等，我同样通过“读出自己”“读出问题”纵横交错地审视历史和今天。这样我的精神世界逐渐饱满起来，关键是，看待人，看待历史，看待不同的文化和制度，就多了一些哲学的眼光、历史的眼光和经济的眼光。这种“眼光”，就是我的“灵魂”。我还想说明的一点是，人生类的读物，不一定都是鸿篇巨制，也可以是一些篇幅短小的经典。比如，最近几十年我经常给学生全文朗诵的短篇小说《一碗清汤荞麦面》，如果真的引导学生“读出自己”，文章所蕴含的善良与坚强，自然会融入学生的心灵，化作他们的血肉。

如此斑驳的阅读，对我的教育有什么具体的意义或者对我的课堂设计有什么直接的作用，也许都谈不上；但这些阅读让我的思想一下子丰富起来，视野也变得开阔起来，或者说看这个世界，看周围的人，多了一双眼睛。正如我曾在一篇文章中所说：“这些著作的观点我不一定都能理解，或者即使理解了也不一定都赞同，但这些著作不仅开阔了我的思想视野，更主要的是，它们让我越来越明确地意识到自己的身份：‘我是一名知识分子！’从那时候，我就提醒自己，尽管我也许一辈子都只是一名普通的语文教师，但这不妨碍我在三尺讲台上通过语文教育传播人类文化的精华，以行使一个知识分子推动社会进步的神圣使命。”

教育类的书相对比较专业，这是一种带有职业色彩的阅读，因为我从事的是教育职业。但我这里指的决不只是教育学、心理学的教科书（当然也包括），更指教育史专著和教育大师的名著。

这同样是一个琳琅满目的世界：《中国教育思想史》《中国教育哲学史》《西方教育思想史》，中国古代的《论语》《大学》《中庸》《学记》，等等；还有国外夸美纽斯的《大教学论》，爱尔维修的《论人的智理能力和教育》，康德的《论教育》，卢梭的《爱弥尔》，约翰·洛克的《教育漫话》，赫尔巴特的《普通教育学》，福禄倍尔的《人的教育》，第斯多惠的《德国教师培养指南》，斯宾塞的《教育论》，爱伦·凯的《儿童的世纪》，布鲁纳的《教育过程》，雅斯贝尔斯的《什么是教育》，阿莫纳什维利的“学校无分数教育三部曲”……说实话，读这些书并不那么轻松，但我几乎在读每本书的时候，都能情不自禁地“把自己摆进去”，或共鸣，或质疑，以这种方式与作者对话。

比如爱伦·凯提倡让儿童接触到真正的生活，使其在各个方面遇到人生之真经验；儿童不仅需要了解蔷薇，还需要了解蔷薇上的刺。这个观点很容易让我联想到中国长期以来学校与社会脱节的“纯而又纯”的“玫瑰色教育”。又如，雅斯贝尔斯认为，教育与训练不同，训练是一种心灵隔离的活动，教育则是人与人精神相契合、文化得以传递的活动。教育也不同于控制， 控制以被控制者个性泯灭为代价，而人与人通过教育而平等交往就是驱逐愚昧和塑造人格的最有利形式。人与人的交往应是“我”与“你”的关系，而这是人类历史文化的核心。他还认为，教育过程首先是一个精神成长的过程，然后才成为科学获知过程的一部分。我由此想到我多年前写过的一句话：“教育，只有从学科转向了心灵，才是真正的教育。”似乎是一个意思， 但我不如雅斯贝尔斯说得好，他的论述丰满了我的认识，成了我的“血肉”。这种和作者的隔空对话，真的美妙极了。

读苏霍姆林斯基和陶行知，那更是一种愉悦至极的精神之旅。苏霍姆林斯基在《帕夫雷什中学》中写道：“少年们夏天想进行‘水上旅行’，可是我们没有船，于是我从新学年一开始就攒钱，到了春天，我就从渔民那里买来了两条船，家长们又买了一条船，于是我们的小船队便出航了。可能有人会想，作者想借这些事来炫耀自己特别关心孩子。不对，买船是出于我想给孩子们带来欢乐，而孩子们的欢乐，对于我就是最大的幸福。”

那时工作才两年的年轻的我，读到这里，忍不住热泪盈眶，因为我想到我曾与学生站在黄果树瀑布下面，让飞花溅玉的瀑水把我们浑身浇透；我曾与学生穿着铁钉鞋，冒着风雪手挽手登上冰雪世界峨眉之巅；我曾与学生在风雨中经过八个小时的攀登，饥寒交迫地进入瓦屋山原始森林……每一次，我和学生都油然而生“风雨同舟、相依为命”之情，同时又感到无限幸福。这种幸福不只是我赐予学生的，也不单是学生奉献给我的，它是我们共同创造、平等分享的。苏霍姆林斯基写的就是我啊！

《陶行知教育文选》有这样的话："有人误会以为我们要在这里造就一些人出来升官发财，跨在他人之上。这是不对的。我们的孩子都从老百姓中来，他们还是要回到老百姓中去，以他们所学的东西贡献给老百姓。"我一下想到今天中国的许多"贵族学校"了，所谓"吃得苦中苦，方为人上人"至今还是一些教师和家长对孩子的教育信念。先生还说："民主教育是教人做主人，做自己的主人，做国家的主人，做世界的主人……今日的学生，就是将来的公民。将来所需要的公民，即今天所应当养成的学生。"先生简直就是对着今天的中国教育说的。

捧读两位大师的著作，读着读着就感觉自己走进了书中，或者作者走出了著作，就在我身边对我亲切地叮咛。当我感到苏霍姆林斯基说的就是中国，而陶行知说的就是当代时，我真正是读出了"自己"，也读出了今天的中国。

教学类的书指的是和我所教学科相关的书，比如有关学科知识、学科教法和学科文化方面的著作。这些书，直接指向我的课堂，因而也是我的必读书，尤其是刚参加工作那几年。

这些书包括教参、教辅、教学法以及有关听、说、读、写、语言、修辞、逻辑、文法方面的资料性读物，甚至诸如《红楼梦鉴赏辞典》之类的工具书。对我来说，读的更多的是著名语文教育专家的著作和著名特级教师教育思想、教学案例的书。

我感受最深、对我影响最大的还是叶圣陶先生的教育思想。《叶圣陶语文教育论集》上下两册，我是读了又读，几乎翻烂。读他的书，我首先读到的是他那高尚的人格和挚爱孩子的心。他的语言朴实而寓意深远，没有一点“教育家”的面孔和“理论家”的学究气，读着先生的文章就像是在听一位慈爱长者的讲话。正是这位慈爱的长者告诉我，应从“人”（人的心灵、情感、道德、个性及其发展）的高度对待每一堂课，而教育者本身就应该是“大写的人”；应该从社会空间以及时代发展的大背景中把握教育的脉搏，因而教育者还须是博识多才的学者和胸襟开阔的思想者。

《中国著名特级教师教学思想录·中学语文卷》和《当代中国语文教育改革名家评介》也曾是我的案头必备，一有空便翻开品读。于是，于漪、钱梦龙、宁鸿彬、欧阳代娜、洪镇涛、陈日亮、蔡澄清等先生便来到我身边。读他们的书，我更是以“读出自己，读出问题”的心态，让心灵燃烧，让思想飞翔：如果我也上这堂课，那我会怎样上？为什么这里会这样处理？如果不这样上，那会怎样？还有没有比这更好的上法？这些问题的思考，就是大师的思想“化作自己灵魂”的过程。

比如，于漪老师的书中曾有这样一个课堂教学细节。她讲《木兰辞》时，有学生问她：“木兰每天行军打仗，为什么她的战友没有发现她是小脚呢？”于漪老师回答：“木兰那个时代的女人还没有裹足缠脚。”学生追问：“那中国是从什么时候开始要求女性裹足缠脚的呢？”这把于漪老师问住了，但她坦然回答：“我不知道，但我下课后一定会去查询。”后来于老师果真就去研究，最后给了学生以满意的答复。这个细节对我影响很大，所谓“影响”，不是说我遇到类似的提问也说“我不知道，但我可以查”，而是作为一个教师，如何面对学生超出我们知识储备的提问？这种真诚坦然的态度，这种承认自己不足但愿意虚心学习的精神，正是对学生的教育与感染。以后在我的课堂上也出现过类似的情况，我都以这种态度对待。这就是把于漪老师的思想化作了自己的血肉。

我不反对读具体课文教法的参考书，特别是年轻老师，但读这些参考书最忌讳依赖。特别是和教材配套的“教师用书”里，连每一道作业题的答案都写出来了。如果长期依赖它，教师就会养成不动脑子研究的习惯，这样专业素养必然退化。所以正确的态度是，既要参考，又不能被这些资料牵着鼻子走。怎么才能做到这样呢？我的做法是，对于同一篇课文备课时，看不同的资料，了解不同的观点，然后自己做比较和判断。这最能锻炼教师的思考与研究能力。我长期订阅《中学语文教学》《中学语文教学参考》《语文教学通讯》和《语文学习》，每期杂志到了，我都要做资料索引。这样，无论我给哪篇课文备课，所有有关这篇课文的资料便汇聚于我的眼前，供我研判，最后通过比较研究这些参考资料所得到的观点，便是自己的“灵魂”。

多年前，我在一篇文章中谈到引导学生阅读时，这样写道：“引导学生在课文中读出‘自己’，读出‘问题’，就是让学生与作品在精神上融为一体。”那么作为教师，我们的阅读同样应该是让自己与“作品在精神上融为一体”。唯有这样，我们的阅读才真正走进了作者的心灵，也让作者的思想情感化作了我们的灵魂。因为“从来就没有人读书，只有人在书中读自己，发现自己或检查自己”（罗曼·罗兰）。

（作者系新教育研究院院长，著名特级教师）

读书是放大心灵的半径

杨林柯

我从小在农村长大，是个地道的农家娃。小学时处于“文革”后期，除了认识几个字，几乎学不到什么东西。“文革”结束，学校的学习风气逐渐恢复。当时的学校没有图书馆，我也买不起什么课外书，以至于初中时经常抄录其他同学的课外辅导书上的题来做，甚至在初一抄过《唐诗三百首》。记得初中毕业后的那个暑假，我们村的知青要返城，作为分别礼物，一位女知青给我姐留了一本大型文学期刊《十月》，上面有沈从文的《边城》。读完《边城》后，我好长时间都沉浸在美好的湘西世界里不能自拔。

上高中后，我常常在晚自习的熄灯铃响过之后就着昏黄的路灯读书，多次被查宿的班主任赶入宿舍，可班主任走后我又跑到路灯下读书。雨果的《悲惨世界》、司汤达的《红与黑》、梁斌的《红旗谱》大多是这样读完的。

上大学后，首次参观图书馆，我被大学有如此多的图书所震撼，当时就天真地想，把这里边的文学书读完有多好啊！可我上的是政教系，大学录取通知要我们带上《毛泽东选集》（一至四卷），后来又发了二十几本党史类参考书。可这些书我都不喜欢读，我喜欢的文学类书学校规定一次只能借 5 本，我觉得很不公平，中文系学生为什么就能一次借阅 20 本？政教系的许多课我都不喜欢上，就到中文系偷着听课，私下写诗歌，没想到一首《寻找一颗星》在全校诗歌征文中获得一等奖第一名，也让中文系各位才俊对我刮目相看。后来听说可以转系，我就暗暗运作这事，经过向政教系、中文系和学校教务处三方的申请和两个月的奔波、24 个公章的折腾，终于成功转系。

我能够大量阅读文学书应该是从进入中文系才开始的，当时一次可以借阅 20 本文学类书，我经常一次借阅七八本小说和其他文艺书籍，而小说换得最快，几位图书管理员也都很快认识了我。我读书往往不求甚解，喜欢读就读下去，不喜欢读就随便翻翻，或者看看前言后记，然后就再换其他书来读。当时大学校园的读书热情很高，一些流行的书像李泽厚的《美的历程》、萨特的《存在与虚无》、柏杨的《丑陋的中国人》、张贤亮的《绿化树》《男人的一半是女人》等，谁不读似乎谁就精神落后了一样。钱刚的《唐山大地震》是我 1986 年读到的，至今记忆犹新，非常震撼。

有人说，年轻时读过的书会融入血脉，化作骨骼，成为生命的一部分。现在想起来，能够真正回忆起来的印象深刻的书大都是 25 岁以前读过的。

工作后当了班主任，我住在校外，特别忙，除了应对千头万绪的工作外几乎没有读书时间，只能偶尔去阅览室翻翻报纸杂志。

1989年以后，整个知识界、思想界进入沉寂状态，加之全社会的商品化、娱乐化的浪潮，读书似乎成为一件被耻笑的事情。而最有价值的事情就是赚钱，比如编书、兼课之类，我也做过，加之当时孩子尚小，每天上学四次接送，所以那些年几乎没有读什么书。当生存压倒了读书，只好不断为生计奔忙，而读书是一件很奢侈的事情。

我真正的读书应该是从40岁以后才开始的，在此之前的读书大都是有一些功利目的，是为了生命的向外发展，而40岁以后的读书则更多是为了向内开拓，真正重建自己的生命。当时连带了5届高三，发现学生像树一样长空了，除了对考试和分数感兴趣，对其他似乎都很茫然，加之不断听到大学生的自杀事件，有个别学生甚至是我校教师的孩子，这让我对学生的未来充满了焦虑，如何能帮到他们，也无愧于一个教师的良心！我当时想到了读书。

因为学生们太忙，没时间读书，我就想，能否自己多读点，把自己变成一个资源，除了自救，也能影响到他们。于是，我就开始广泛阅读，从中国到外国，从哲学到历史，从近现代到古代，从周国平到王小波，从诸子百家到《圣经》，从鲁迅、胡适、殷海光、吴思、熊培云到康德、笛卡尔、哈耶克、奥威尔、别尔嘉耶夫、阿伦特、克里希拉姆提……我发狂地读书，并不断写作读书札记，几年下来，竟然写完了大大小小十几个本子。我也最终明白，读书和写作才是通往自由的路，物质世界不可能有自由，只有在精神世界里才能找到自由。我把读书学习的收获与学生分享，并通过课堂不断寻找作为一个教师的意义，也获得了许多学生的认同。

后来，我建立了博客，转发一些有价值的文章和我自己写的文章，几年下来，阅读量超过 300 万。我也在课堂、QQ 群、微信圈和我们的读书群里不断分享一些有价值的文章，并把它当作每天的义务，早起晚睡，长年坚持，乐此不疲，影响到更多的学生、家长和老师。

我平生喜欢旅游和读书。我认为，旅游是放大身体半径，读书是放大心灵半径。身心的放大，实质上是一个人生命格局的放大，它让一个人更有方向感。

朱永新先生说过："一个人的精神发育史，就是他的阅读史；一个民族的精神境界取决于国民的阅读水平；一个没有阅读的学校，永远不可能有真正的教育。"

我以为，中国问题，制度是关键，人心是根基。而人心的改变、人性的提升，必然有赖于全民读书，终生学习。读书是自我学习的最佳途径，它可以充实内心，让人认清自我，发现真相，并更加关心这个世界，对历史现实的"同情之理解"更容易达成。

读书不仅是一种内在的需要，也是一种美好的生活方式。它让我们通过斑斓多姿的生活表象抵达世界的真相和生命的实在，并构建自己的精神家园，提高幸福指数。

（作者系陕西师范大学附属中学语文教师）

书缘，人缘，世间缘

杨 林

佛说，世间一切皆因缘而生。“前不见古人，后不见来者。念天地之悠悠，独怆然而涕下。”每每想到这首诗，不能不想起上师范那会儿睡在我上铺的旺哥——一位我读书生涯的启蒙老师。点灯聊书、相伴访书，成了我们当时的乐趣之一。之前在初中课堂上学过一些语文知识，从未感觉诗也可以这样作，竟如此畅舒胸怀，至此踏上了一条读书、买书的问学之路。

记得那时我最为着迷的便是《影响中国文化的 20 大奇才怪杰》一书，这本人物传记书上至今留有不少眉批、札记等。对这些悲剧人物的才情、志趣、命运的初识，正好唤醒了当时处于叛逆时期的我，于是我便寻觅庄子、陶渊明、苏轼、梁漱溟等真性情的名家的书来读。于朦朦胧胧中读罢，始觉他们并不奇、也不怪，只因个性上常常超脱，至情至性……

觅着、买着，便遇到了如今早已名闻遐迩的“中国最美的书店”——先锋书店。我邂逅它时，其还位于太平南路圣保罗教堂对面。

随着它的几经搬迁与发展，我从一个懵懂的学子变成了站在三尺讲台上传道授业的教书人。那时的我对于书籍的涉猎经由文学向教育、哲学、艺术等铺展开来，虽多半读后不解真义，但乐在乱翻书中。

偶有所得，便成就一段书缘、人缘。记得那是个下午，已买完书，并且小酌了几杯，正欲回家。一看表上的时间，离汽车班点还有空余。于是，折回书店。没过多久，一本张文质先生主编的《明日教育论坛：影响中国基础教育进程的学者们》映入眼帘。一翻阅，就被吓醒了，关注教育那么久了，竟然还有众多影响力极广的学者尚未听闻，真是孤陋寡闻。再一细读，就被深深地吸引了。从此，我知道了钱理群先生、肖川先生等知名学者。阅读他们的文章，感受他们的思想，追寻他们的足迹，历练自我的心魂。

后来我多次与张文质老师面对面地喝茶，听他聊教育万象、诗歌百态，说其写作《教育是慢的艺术》的因缘。不仅如此，他还调侃我已做了他徒弟。没过多久，他还真就给我又找了一个师傅——凌宗伟先生。正是在他的影响下，一部部过往的和当代的教育经典来到了我的“知灯堂”，远的如《康德论教育学》，近的如《收获幸福的教育》……永远不忘与师傅们同居一室、促膝夜谈的日子，那可是他们在言传身教，作为弟子，我当然要全心全意投入。

为了换个角度看世界，在这问道的路上，我居然也学着编起了“书”。说是编书，只不过是作为文青的一种折腾，但是人生总要有点故事的。过去了的，总归过去了，人生跌宕，犹记那时那刻的我只想与书相伴，了此余生。

未曾想有一年暑假和孩子的一趟西安之行，使我百味重生。远游真是一种以行走的方式阅读世相的途径。穿行在西北的土地上，从火车上遥望一所所低矮的学校依然国旗飘扬，我想到了“坚守”，也许在那些美好的教师们心目中，这才是书香生活。而我终于明白了艾青先生的这句诗“为什么我的眼里常含泪水，因为我对这土地爱得深沉……”于是放空自我，想重新做回“会好好做事的匠人”（秋山利辉语）。我知道，我的所言所行并不能让人均阅读量不到5本书的这个国度有多大的改变，可胡适先生说的真切——“得寸进寸”，才是世间读书人的实际行动和“教学勇气”。“做，就对了”，证严法师如是说。

依稀记得，有一年圣诞节的清晨，当看到班里每个孩子在课桌里发现我送给他们的礼物——《小王子》时的笑脸，我有福了。所有送书的人都是有福的。仍旧不忘，我建立了各个年级的阅读推广群，学校的推荐阅读书目发下去后，家长们燃起的一丝丝热情，纷纷荐书、谈书、买书……如此和书亲密的人，生活都是甜丝丝的。就这样，我因书而有了更多的世间情缘。

明末散文家张岱有一句颇为自得的名言：“人无癖不可与交，以其无深情也；人无痴不可与交，以其无真气也。”书，也许就是我的癖、我的痴，更是我的缘。有了它，我不一定能践行“每个人都是自己的天才”（詹姆斯·卡斯语），但一定做好自己的徒弟。

（作者系江苏省南京市溧水区明觉小学教师）

我的阅读人生

刘堂刚

我喜欢一个人静静品读经典优美的散文诗。清纯、淡雅的散文诗如幽幽山间生长的野花儿，星星点点、飘零散落、平淡无奇，但它却有一种天然、芳香、浓郁、悠长的美，没有半点修饰与雕琢、轻飘与浮躁，读之如饮美酒，令人心痴神醉。

清晨，抑或傍晚时分，手拿一本《时文选粹》，或《读者》《意林》《文苑》……来到树林里，坐在树荫下轻轻诵读，享受着温风习习、野绿片片、鸟鸣啾啾、花香缕缕、溪水潺潺的纯天然伴奏。此时，你方可真正领略到，自然和宁静才是人类最理想的精神皈依；也唯有这一朵朵淳朴，充满自然、自由情趣的“野花儿”，才能带给你我人性的回归。

夜深人静之时，躺在摇椅上、沙发上甚至床上，抑或坐在电脑桌旁，默默读一段散文，细细品一口香茗，是多么的惬意舒畅！月明星稀，窗外一片空灵澄澈；柔雨绵绵，窗外一片薄雾冥冥，散文的典雅与自然的悠远天然合一，读着如置身于仙界之中，便真的不知我在何处了。若是暴雨如注，更成为你放纵发挥的好时机，风吹寂空，雨打窗扉，你可高声朗读，将读书声、风声、雨声、雷声交织成夜的狂欢曲，好不酣畅淋漓!

我经常给孩子们讲我小时候读书的故事。儿时赶牛上山，在空旷荒原的自然之中，怀揣或借或买的连环画册，孙悟空的七十二变、诸葛亮的神机妙算、福尔摩斯的奇侦绝探……陪我度过了寂寞童年，常使我于留恋中穿越遐想，童年因阅读而情趣盎然。步入中学，开始读点大部头了，觅得一本破旧的《射雕英雄传》，家里、课堂上不敢看，怕父母老师发现了骂我“不务正业”，就常常躲在被窝里“偷看”：郭靖善良憨厚终成大器，黄蓉机智乖巧惹人喜爱，杨康叛国求荣遭人唾骂，欧阳克心术不正因残致死……经典的人物形象，完美的故事情节让我初识做人之道。上师范后，一股狂恋外国文学的热浪将我卷入其中：聆听海明威的《战地钟声》，目睹托尔斯泰的《复活》，热恋夏洛蒂·勃朗特的《简·爱》……使我顿悟：美丽的不只有眼睛，还有世界；坚强的不只有骨头，还有灵魂。

我把阅读当作生活。各类报纸杂志、书籍……散文、诗歌、小说、童话、评论……无所不读，如妻子成为我忠实的伴侣，如女儿于纯洁中给我希望，如粮食让我收获了生存的智慧。每品味一篇蕴含着禅意美的文学作品，我的灵魂就又接受了一次新生。时不时，也有许多清泉似的情思在《人民教育》《中国教育报》《中国教师报》《湖北教育》《党员生活》《中国校园文学》等几十家报纸杂志上流淌，并有幸成为《文苑》签约作者。

时下，得篇文章、得本书已不再受生活的局限，阅读与写作花样繁多，生活在现代浪潮中的男孩女孩们可还有这般心境来品味阅读，把握人生？

于是，我也给孩子们讲一个安静读书的女孩，她生长在一个普通的家庭，五岁开始读书，从绘本到童话，从唐诗宋词到现代美文，从《红楼梦》到《资治通鉴》……广博的阅读，深厚的积累，让她具有了远超同龄人的思维深度和广度，自然而然地喜欢上了写作。要分门别类地给孩子推荐阅读好书，首先了解内容梗概和经典故事情节，寻找最曲折离奇、最能引人入胜的地方讲给孩子听，作为诱发孩子阅读愿望的突破口；再根据孩子不同的性格特点和爱好介绍，男孩子喜欢看神话、武侠、奇思妙想类的，“百年百部中国儿童文学经典书系”、自然奥秘等图书是其至爱；女孩子喜欢看情感、公主类的，我给她们推荐《草原上的小木屋》、“冰心儿童文学奖”系列图书、“杨红樱非常校园系列”等少儿作品。我定期在班上举行阅读交流活动，交流的形式不拘一格：可以讲故事，可以谈收获，也可以讨论书中的人物、情节与电视剧上的异同，阅读与看电视的感觉是否一样。我只期望孩子们因为阅读而成长，而快乐。

我不求阅读改变我的生活或命运，我觉得阅读就应该是一种生活。一个能够在阅读中关注自然，倾听希望，亲近生命的人，一定懂得在生活中品味幸福。面对字字珠玑，从自然与生活中所闪烁出的爱心火花，流露出的真情，我们该懂得去品味、去享受——用我们的眼，用我们的心，用我们的情，用我们的魂。

（作者系湖北省谷城县紫金镇中心学校教师）

误入藕花深处

王暖詠

记得上小学时家里很穷，没钱买书，许多小伙伴都有小人书（连环画），如《孙悟空三打白骨精》《带响的弓箭》《黑三角》等。我总是想尽办法借来一饱眼福，尤其是成套的《三国演义》，更是让我垂涎欲滴。为了能先睹为快，我曾让“小土豪”们抄过我的作业，还曾经用自己最喜爱的魔方换了四本小人书。后来一个偶然的机会，我争取到管理班级图书箱的美差，于是我就成了一名“书倌”，可以拿着图书箱的钥匙，自由阅读班级的藏书了。从此，我开始走进了书的世界，开始了我的阅读人生。

读书一旦成为一个孩子的精神生活，往往一发而不可收，读起来没完。我家住山里农村，活计特别多，但若被一本好书迷住，干活时我就没人影了。有一阵子，我迷上了《激战无名川》这部抗美援朝的小说，干活时我又去向不明，大姐一气之下把书藏到大镜子后面。我找了半个月，翻遍所有能翻的地方，终于找到了。当天晚上点着煤油灯，一直读到深夜。小学期间，我就读完了中国三大名著（只有《红楼梦》没读），《西游记》中孙悟空的七十二变，《水浒传》中江湖好汉的行侠仗义，其中的人物形象、故事情节，每每在我少年的脑海里萦回不已，挥之不去。小学三年级的时候，我就读过《毛泽东选集》。有一次在作文中引用了从中知道的一个成语“以其昏昏，使人昭昭”，老师竟据此说我的作文是抄的，理由是一个三年级小孩儿，怎么会懂得这么生僻的成语呢！现在说来，那时恐怕的确是一知半解，但中国民族语言的厚重味道至今还令人回味无穷。

中学时代学习生活比较紧张，能读到的书也特别少，传读了许多手抄本，大多是破案一类。图书资源匮乏之下，读起《安徒生童话》和《格林童话》也是饶有兴致。实在没有书可读了，我就读老师备课的《教学参考书》。当年，我是以全县第三名的中考成绩考上师范学校的，今天看来，这和当时阅读老师的《教学参考书》应该不无关系。

考进师范学校，我便一头扎进书的海洋。看到学校图书室里那一排排的图书，我真像刘姥姥走进了大观园！《天安门诗抄》《江苏抒情诗选》，古华的《芙蓉镇》，叶辛的三部曲《我们这一代年轻人》《风凛冽》《蹉跎岁月》等诗歌、小说，琳琅满目，触手可及。由于酷爱阅读，少得可怜的生活费大都被我节省出来买书订刊，周末逛书店不知不觉已成常规。回到校园，我们最为享受的还是图书室的读书时光。即使在今天的工作岗位上，当年读过的那本苏霍姆林斯基的《把一切献给孩子》，仍然令我受益匪浅。记得当时，读到思绪喷涌时曾不止一次下意识地在书中写下旁白，以至后来写得密密麻麻，竟然不敢也不想归还了。从精神食粮到文化盛宴的诱惑，昨天的简陋书店，远远超过今天的奢华饭店。

厚积而薄发，量变而质变。而今我担任一所山区小学的校长，让学生好读书、读好书更成了我的职责所在。作为一名小学生应该读什么书籍呢？首先应该在记忆的黄金时间积累传统经典，传承中华民族优秀文化，这些内容可以使人胸怀祖国、志存高远、明礼诚信、陶冶情操，不戚戚于贫贱、不汲汲于富贵，在潜移默化中继承优秀的民族文化基因。为使经典阅读有方向、有内容，学校启动了“新三百千千”读书工程：在小学阶段积累古诗词 320 首、成语 1 080 条、名言 1 000 条，阅读图书 100 部，我带领草根团队创编了《古诗链记 300 首》《诗序成语一年通》等国学经典读本，发明了“集成链记”读书方法。寓教于乐、寓学于玩的《成语扑克》还获得了一项专利。我所在的学校，乃至整个地区的小学，经典阅读已经蔚然成风，校园到处诗意盎然。

读书，使我们同世界握手；经典，使我们与时代同行；诗词，使我们和诗人对话；成语，使我们与先贤攀谈。从杨柳岸边到藕花深处，读书正在提升我们的人生品质，经典将重新融入我们的生命血脉之中！

（作者系吉林省抚松县兴参小学校长，2015 年度《中国教育报》推动读书十大人物提名奖获得者）

唯书有华　秀于百卉

贾绪康

对于书，我始终有种特别的依恋，因为它是生活中不可或缺的一部分。经常有朋友来我家小聚，看到满满两个书橱，不禁感叹："老师就是爱读书呀！"每逢听到这话，我总是嘿嘿一笑，其实在心里我一直想问：为什么只有教师才能喜欢读书？这又不是教师的特权。

经常看到关于国人阅读量的统计，人均收入上了一大截，但年人均阅读量却少得可怜，一篇《不阅读的中国人》深深刺痛了我们的心。曾几何时，我们是享誉世界的书香国度，我们拥有五千年的文化珍宝，我们有历代文人雅士，而现在，手机、电脑等现代科技产品以迅雷不及掩耳之势取代了传统的纸质书香，阅读之人反而成了另类，让人不禁感叹。阅读应该是一种全民行为、一种社会风气、一种生命状态。

为什么要读书？

小时候，我们读书是为了能够考个好成绩，能够得到老师家长的夸奖，能够得到同学们的羡慕。长大了，我们读书为了能够考个好大学，选个好专业，将来有个好工作，进而找个好对象。显而易见，这些读书目的都是带着不同程度的功利色彩。经常听到一些刚刚毕业的大学生说："大学一毕业我就把知识还给老师了。"说得轻松，但听得让人感觉难受、别扭。读书，不是给自己读的吗？成长，不是自己的事情吗？《论语》中这样讲："生而知之者上也；学而知之者次也；困而学之又其次也；困而不学，民斯为下矣。"读书，真的是一件自己的事情。

读书，不仅仅是记知识，更要学以致用，加以创新。通过读书，我们可以穿越国度、超越时代，我们可以与众多优秀的人交谈。我们站在巨人的肩膀上登高望远，看到一个又一个充满诗意的世界，我们在里面载歌载舞，乐此不疲，如此读书，我们读到的是快乐、充实、提高。英国有句谚语："没有比读书更好的娱乐、更持久的满足了。"

古今中外，时代更迭，人类文明代代相传，书籍就是精神财富的典型代表。我们读书，汲取营养，获取智慧，书籍可以帮我们遇到更好的自己。大概读书的人都会有这样的体验：书读得越多，越觉得自己所知甚少，整个人会变得越来越虔诚，读书的男子温文尔雅，谦谦君子，读书的女子超凡脱俗，端庄洒脱。

著名作家严文井曾这样说道："书，能保持我们的童心；书，能保持我们的青春。"这也许是对为什么要读书最好的回答，书就是生命最好的妆容。

读书的时间从哪来?

说到读书,很多人第一反应会是这样的:读书?我哪有时间?诚然,现代科技文明让我们有了更为丰富的生活选择,各种娱乐项目层出不穷,各种应酬让人应接不暇,有句话说:“时间就像海绵里的水,挤一挤还是有的。”是的,现代社会节奏紧凑,生活工作压力大,可是为什么有的人还会把时间安排得井井有条,每天都可以坚持阅读呢?有人说过,人与人之间的差距都在8小时之外。8小时以外,有人辗转各种休闲场所,有人只顾谈情说爱,但有人也会推掉不必要的应酬,一首轻音乐,一杯清茶,一本书,岂不是一种惬意生活吗?

真正喜欢阅读,有很多时间都是可以利用的。公交车上,我们可以读一份最新的报纸;等人等车时,我们可以读到一篇触及心灵的故事;排队时,我们也可以读一篇优美高雅的散文。时间都是公平的,不要让它悄悄从我们身边溜走,充分利用起来就会积少成多,从而不断建构我们独特的思想。

如何选书?

关于选书,每个人都有自己不同的喜好与标准,个人认为选书就要选最有价值、最有营养的书。何为好书?富兰克林曾经这样说道:“在读书上,数量并不列于首要,重要的是书的品质与所引起的思索的程度。”经典书籍必是好书,因为它凝结了前人的智慧,经历了岁月的洗礼,经过了实践的考验,这种书一定要拿来读一读,而且要反复品读。国学大师王国维的“读书三境界”、思想家朱熹的“读书三到”都很值得借鉴。实践类的书籍最为实惠，纯理论的书籍必须要静下心来读。读书，不要刻意给自己限定范围，书籍是触类旁通的，通读可以拓展我们生活的宽度，精读可以提高我们生活的深度。阿根廷诗人博尔赫斯有句名言：“天堂应该是图书馆的模样。”好读书，读好书，人生一大幸事也！

读书是一种生命状态

读书，不仅仅是一种个人爱好，也是一种生活方式，更是一种生命状态。人常说，人这辈子一定要有几个陪伴终身的好习惯，我想阅读必然要排在首位吧！腹有诗书气自华，最是书香能致远。书卷气是最好的气质，阅读对于精神而言，就相当于运动之于身体。伟大领袖毛主席曾这样形容自己的阅读生活：“饭可以一日不吃，觉可以一日不睡，书不可以一日不读。”足见他对书热爱之程度。心浮气躁时选择读书慢慢就会气定神宁，就如坎普滕的托马斯所言：“我到处寻找安宁，却无处可觅，只有在独自阅读一本小书时，我才得到安宁。”读书，真的是一种养生方式！

梭罗说：“好像水边的杨柳，一定朝着有水的方向伸展它的根。”我想人与书籍也是如此：追求品质生活的人，一定会在读书中找到答案。

（作者单位：山东省莱州市教育体育局教研科）

阅读是我的引路人

周建国

如何使自己成长得更好，发展得更成熟？这是从教以来我每天都追问自己的问题。反思我的教育教学之路，我深切感悟到，是阅读助推我成长，并使我更成熟、更理性。

50 年来，我从少年期的无意识阅读，当老师时略带功利的阅读教科书、教参和教学书籍，当校长时肤浅阅读管理类书籍，担任教科所所长时有深度、有坡度地阅读教科研理论，直到现在的开放式阅读，这一路磕磕碰碰地坚持阅读，支撑和累积了我不平凡的人生。我喜好安静地阅读，享受寂寞，亦读亦思，亦做亦写。阅读弥补了我先天之不足，帮我叩开了理论之门，拓宽了知识视野，滋补了精神元气，激发了思想灵感，更助我走上了顺畅的教育之路。

当初我被组织委以校长重任，被“赶鸭子上架”，感觉丈二和尚摸不着头脑。就在我万般无助时，苏霍姆林斯基、陶行知、夸美纽斯等大师纷纷“来到”我家，“告诉”我管理秘籍，夜夜和我“切磋”经营学校之道；教育大家叶澜、朱永新等“良师益友”，帮我打好精神成长的底色；李希贵、李镇西、李烈、杨瑞清等名校长，与我开“沙龙”论坛，《为了自由呼吸的教育》《走在行知路上》《与青春同行》《给生命涂上爱的底色》，帮助我用心做教育……

阅读告诉我，欲做好校长，必须教学、管理双肩挑。不但要读懂有字之书，更要读活社会“大教材”，要跳出学科和教育，走向社会和生活。

《中学物理教材教法》使我懂得，培养学生动手能力，需要“瓶瓶罐罐当仪器，拼拼凑凑做实验”。于漪老师“一辈子做教师，一辈子学做教师”的座右铭，使我明白，要使学生有一杯水，教师必须要有一桶水，而且要永葆水的新鲜和长流不息。夏丏尊“教育之没有感情，没有爱，如同池塘没有水一样”鞭策我，教师要有博大胸怀，弯下腰来和学生说话。学生总是在不断犯错中长大的，教师要有足够耐心等待、宽容和包容学生，并引导他们勇于改正错误。李希贵的《学生第二》警示我，教师发展是学校管理者的第一职责，校长始终要把教师放在学校管理第一位。他的《学生第一》更提醒我，发展学生才是学校管理的核心价值。《中小学科研方法》告诫我，学校管理最棘手的难题、师生身边有深度值得挖掘和探究的问题就是课题，引领教师通过调查研究、行动研究和叙事研究，把他们正在想的和做的，大胆说出来和写出来，而且要“说自己的话”，写“自己的论文”。

在人生路上，阅读就是我最尊贵的“引路人”。因为《朱永新教育文集》触动了我的灵魂，每晚我都会带着千字文去“朱永新成功保险公司”投保，至今仍坚持这一习惯。

读为业，文为余。长期阅读启迪我，没深度、没坡度、不思考、不实践和不动笔的阅读，就是零阅读。要联系实际读，带着问题读，做中读，读中思，思后写，升华思想，成就美文。至今，我已有一百五十多篇文章发表在《中国教育报》等报纸杂志，深切感悟到“写且痛苦着，痛且快乐着，苦且成功着”的人生哲理。

我今年已经59岁，虽已跨入“奔六十、想退休”的行列，但年龄不是阅读界线。尽管家人早已劝我应该“金盆洗手”，我也深知进入“耳顺”年龄圈，不可能“惊天动地”，但“人总是要有点精神的”，否则，短暂的人生旅途难以留下精彩故事。因为人生下半场，有更多风景在等着我，有更精彩的故事可以叙说；因为阅读和教育是我生活和生命的全部，强大的阅读惯性已使我难以停下。我认为阅读就是积累精彩过程的不二法门，因为我活在教育中，所以我要活在阅读中。

如果说我的人生上半场是阅读的力量在助推着，那么，只要生命不息，我的人生下半场就阅读不止。这是我为自己的人生下半场制定的座右铭。

（作者曾就职单位：浙江省奉化市教育服务管理中心）

读书：最美好的生命举止

张艳亭

王开岭曾经在与年轻朋友的通信中提到："读书：最美好的生命举止。"我想，但凡真正爱读书的人，都会在很大程度上赞同这个命题。"举止"一词用得真是妙，看似自然随意，但细细思量，必是有了深刻体验之后的灵感迸发，是在胸中酝酿多年的"妙手偶得"。那么，在"举止"的前面冠以"生命"，就着实令人感动了。能这样说的人，一定是一个将自己的灵魂交付给阅读多年，同时又在阅读中升华了自己的灵魂，并且跳脱出来的人。

因为有人问到了读书对年轻人的意义，王开岭先生的文章就以"生命举止"为注脚，很巧妙地解答了这个问题。不难看出，询问读书之意义这件事，或多或少是含有一些功利色彩的，而"生命举止"一词其实已经对这个包含某种程度的功利色彩的提问给予了委婉的批评。

我是个语文教师，这是一个和读书密切相关的职业，学生读书，教师教书，顺理成章，天经地义，本无太多挂碍。但是最近几年，却明显感觉学生读书功利化现象越来越严重，其间耳闻目睹各种怪现象，不免感慨良多。在这些怪现象中，开列书单便是其一。

十几年前，刚刚从校园里走出来的我尚且可以带着我的学生们在鲁迅的文字世界里摸爬滚打，在萧红的呼兰河畔自由呼吸。然而，当读书逐步被越来越多的人关注、进而成为学校语文教育焦点问题之一时——特别是考卷上的阅读题越来越艰深难解的今天，为解燃眉之急，各种各样的推荐书目（或必读书单）便应运而生。因为人所共识，读书是治愈学生阅读和写作能力低下的良方，所以教师必须能够对症开方，家长就需要“照单抓药”。最可怜的是孩子们，不管愿不愿意，他们都得吃下那些“药”。关于读书这件事儿，他们已经被“好心”地剥夺了自由选择的权利。

常听到张三惆怅地对李四说：某某书我买了好长时间了，可实在读不下去，但是我妈妈非得让我读，每天必须读半小时，老师还让写读后感呢，说不定这次考试的作文题就是写读后感！——这就是孩子们读书的现状之一。读书本来是一件非常快乐的事情，但是这样看来，对许多孩子来说，读书却如同吃药，而且这药非但不能治病，还会留下祸患——孩子们读书的兴趣完全丧失。

开书单惹的祸何止于此？作为一线教师，我也曾亲历在教研活动中，同仁们围绕着读书问题，更多的是研究“必读书目”的制定、读书计划的落实方略，以及读书成果的展示和整理形式等，大家宁愿在这些与读书关系不大的研究中耗精力费唇舌，也不愿花时间自己多读一读书，或是和孩子们一起读一读书。一张书单，断送了老师和学生多少读书过程中美好的故事和经历。

叶兆言的《关于阅读》一文就对列书单这一现象给予了犀利的讽刺，他说："必读书是快餐文化，是提倡一种公开的偷懒，看上去正大光明、理直气壮，其实是一种纸糊的学问，戳穿不得。""一本书是不是应该读，只有读过了才知道"，开列书单，其实就是忽视读书行为丰富多样的体验过程，让读书这本该美好的"生命举止"堕入功利化的深渊，这必然使得读书的乐趣大打折扣。

在"推荐书目"风生水起的当下，我还是愿意坚持不给学生开列书单，我坚持的是和孩子们一起读书，随时随性交流。教材上出现了《跨越百年的美丽》，我们就一起读《居里夫人传》；学了《少年闰土》，我就给他们讲《故乡》《社戏》；读过迟子建的《灯祭》，我们就一起流着泪读她的《白雪的墓园》，一起买《会唱歌的火炉》……我始终觉得，读书这件事，不是那么容易照单规划，速见奇效的，更重要的是读书过程中的陪伴和交流、行动和影响。让读书真正成为学生内心的需求、生活的习惯，这才是我们教师应该做好的事。

我清楚地记得，2015 年夏天的一个早晨，有一个小家伙一大早就提着一兜子书，气喘吁吁地往我讲桌上一放，然后兴致勃勃地说："老师，你看，我刚买的！"我看到是——《鲁迅小说全集》《冰心散文集》《巴金选集》《秘密花园》，几乎都不在我们的"推荐书目"之列，更让我欣喜的是他的每本书里都夹着一枚剪纸书签，精美异常。这意味着这个孩子是真的爱上读书了，并且开始享受阅读。想来，那把如此沉重的一兜子书从家提到学校让老师看看的做法，又何尝不是一种美好的生命举止呢？

真正的读书，没有捷径，也无关功利。生命中的许多时刻，如果能够排除杂念，捧一本心爱的书，细细地品味，默默地思索，让书里的文字和自己的思想轻轻地碰撞出灿烂的火花，我们生命中就多了一个美丽而优雅的举止。不过，这个“举止”一定要与灵魂深处的需求相伴才会自然脱俗、真纯可爱，否则，一定是矫揉造作，牵强难看的。

（作者系河北省张家口市五一路小学教师）

阅读让教育人生更开阔

段 伟

我出生在20世纪60年代中期，成长的岁月很幸运地遇上了我们国家复兴。人们从压抑和封闭的状态苏醒，每个人都对知识充满向往和敬意，空气中飘着书香，浓郁的知识氛围如同现在的无线网络（wifi）一样无处不在，卢梭、黑格尔、弗洛伊德是青年学子最时尚的话题，每一个人都对知识分子投以敬重的目光。读书，特别是读文学书，成了最甜蜜的娱乐。

有句电影台词说："你连世界都没观过，哪来的世界观？"世界那么大，出去走走看看确实是见世面、长阅历的好方法。然而，世界观不只依赖于观世界，通过阅读同样可以洞察芸芸众生、大千世界。

"昼短苦夜长，何不秉烛游？"穷极一生，我们通过感官感知的生活经验是有限的，行万里路替代不了读万卷书。人的灵魂是用文字雕刻出来的，所以阅读意味着灵魂的成长。阅读是提高生活品质的最佳途径，阅读让人自信，让人有丰富的内心世界。在外，能有找到生活中最好东西的敏感力；在内，则能居陋巷而依然能创造愉悦多元的心灵空间。善读者，以书为针，穿针引线，抽丝剥茧，淡去虚荣、欲望、名利，明心见性，显出读书的本意，读懂生活的真谛，探得生命的意趣，练就“看山还是山，看水还是水”的慧眼。

阅读的过程是一个自我实现的过程。不读书，接触到的世界就和纸一样单薄；多读书，学识、阅历乃至生命体验会随着页码的递增而不断丰厚。借助别人的心灯，照亮自己生活中迷失的心路。在静心里，在文字里，遇到更好的自己。“一日不读书，胸臆无佳想。一月不读书，耳目失精爽。”时间的改变可能是静悄悄的，但阅读对气质的塑造终究会显露出来。正是在日复一日的阅读中，我们能感受到“无穷的远方，无数的人们，都和我有关”，体悟出“不迁怒，不贰过”的修身奥秘，即便身处失落、失望之境，甚至失掉所有方向之时，也能看见“平凡才是唯一”的答案。

阅读的过程有时可能并不轻松，但阅读过后，你会发现身边的世界似乎是那么的美好，生活也变得温馨起来，你会有一种实实在在的获得感和成就感，感到格外的轻松和由衷的舒心。当初大学毕业，我目空一切，但随着阅读和学习的推进，我的短板，我的缺陷，一一显现，从初始的自我感觉良好，变得愈来愈觉得自己渺小。想要锦上添花，自己就得先变成“锦”。所以，我开始广泛阅读，不做“只叮在一处的蜜蜂”。

“水浅能容月，山高不碍云”，“善读书”并非简单等同于“多读书”，它更强调阅读者理性的选择和睿智的体悟，它是去粗取精、去伪存真的眼界和胸怀。

作品不在于厚薄，而在于刻骨铭心。大二时，我遇到了火一样的文字——罗曼·罗兰的《约翰·克里斯朵夫》，这本书没有悬念迭生，却深入到心灵，傅雷炉火纯青的翻译锦上添花，真是让人入迷；也遇到了深潭一样的书籍，诸如荷马的《奥德赛》、弥尔顿的《失乐园》。如果你想穷极一生多看些好书，这些书籍无疑就是绝佳的选择。它的内容既不会让你觉得枯燥和空洞，也不会让你觉得啰嗦和狭隘。

深嗅书香，自有风景。史蒂芬·霍金的《时间简史》和《果壳中的宇宙》，让人畅游在粒子、生命和星体的处境中，感受智慧的光泽，犹如攀登高山一样，瞬间眼前呈现出仿佛九叠画屏般的开阔视野。于是，便和李白一起高歌："庐山秀出南斗傍，屏风九叠云锦张，影落明湖青黛光。"

阅读不仅是为了遇见更好的自己，也是为了更好地认识这个世界。与经典相遇，顿觉繁花满枝，绿意葱茏。读《资治通鉴》，可以获得王朝更替的历史教益；读《红楼梦》，可以洞晓世家望族的兴衰荣辱；读《平凡的世界》，可以从苦难的生活中发现人性的温暖、奋斗的价值；读《罪与罚》，可以跟随底层人物体味人格的矛盾与复杂；读《巴黎圣母院》，让我们看到丑陋的卡西莫多却能够拥有善良美丽的心灵、淳朴真诚的品质，使我们在寻觅美的真谛的同时，去追求心灵的高尚与纯洁。作者的思想雨露，就这样点点滴滴，渗进你植根的土壤， 走进你生命的年轮， 在你踌躇时，予以方向的指引；在你痛苦时，给以熨帖的慰藉。阅读让我们在自我省视中学会谦卑和从容，在平视静观中同这个世界和解。经典传递给我们的不仅是知识，更有认识这个世界的逻辑、方法和哲理。

阅读是一种超越世俗的力量，“水流云在，月到风来”，一幕幕细微而又诗意的生活场景需要明净的心情去体味。“大口吃肉未必香，慢啃骨头滋味长。”阅读的享受，在于好书的醍醐灌顶，明心亮眼，舒筋活血，使人觉得是一种生命之缘、幸福之源。从阅读的乐趣中放松自己，使自己豁然开朗，让生活具有了一种情调。世间的一切喧嚣、污秽、残缺、晦暗都将被皎洁、静谧、和谐的清辉所覆盖。尽管有些目标未必能实现，但带着一颗心真诚地生活，凡事“得之淡然，失之泰然”，幸福也就不远了。

“读书养性，写作练脑”。写作让读过的书萌芽发枝，生成新气象，将带着个人思考味道的话语变为眉批、旁批，解读作者，对接已有经验，通过存养诘辩，质疑问难，解构建构，推陈出新，实现从“我注六经”向“六经注我”的飞跃，亦是“让灵魂真正骑在纸背上”。一个喜欢写作的教师最大的幸福在于，无论时光怎样走远，他都能够让往事在文字中永存，让生命在词语中重现。长期坚持阅读和写作，自然“我口说我心”，既不俗口也不掉书袋，胸中的庄严法度和浪漫才情相生相发，胸中千古之思和腕下万里之势相辉映，神超理得，技进乎道，进入“依仁游艺”的大境界。

步入不惑之年后，我总觉得案头书愈来愈多，心头书愈来愈少。这也许是忙碌的现代人都有的感慨。爱书人总是贪多地买书，加上每日涌来的报刊，总觉时间精力不足，许多好文章错过，心中怅惘不已。碌碌大半生，也未曾真正“补读生来未读书”，如今离退休仅仅十年，面对浩瀚的书海，只有就着自己的兴趣，力争“双眼自将秋水洗，一生不受古人欺”。

“操千曲而后晓声，观千剑而后识器。”人生不如意十有八九，阅读可增添信心和力量，增添几许闲情和雅致，是对精神世界的滋养和慰藉，对漂泊心灵的安抚。在书籍的带领下，我们不断磨炼自己的意志，而我们的心灵也将渐渐充实成熟。阅读，让我们的教育人生更开阔。

（作者系湖北英山实验中学大别山区种子教师，
蒲公英评论特约评论员）

观念的“倒卖者”

程　志

引　子

我喜欢校园，兴许，我的性格只适合校园。但我不否认，也恰恰是因为身处校园，给自己带来了种种超越自我的“局限性”。因为我人生绝大部分的认知和经验世界，大都通过书本来获得，而对于一个写作者而言，这必然意味着丧失“阐释经验”的话语权。无疑，对我而言，世界是一个不完整的“观念世界”。而这更多地体现为自己对“外界经验”和“外省经验”的攫取上，我对经验的获得充满了迷幻的执着与兴奋，然而，又对缺失的部分感到无限忧愁，因为这是我的弱势。

因此，我不得不承认自己更多时候是一个“观念的倒卖者”。

在经济学家哈耶克看来，任何具有典型“社会关怀”的“公共知识分子”都不应该成为“倒卖观念的二道贩子”，而是应该阐释那些在他们看来具有理性意义、给社会造成变化的“事实性观念”

或“客观行为”，从而形成公共话题，造成某种观念的革命性变化。诚然，在哈耶克看来，“决定着知识分子观点的，既不是自私的利益，更不是罪恶的动机，而是一些最为真诚的信念和良好的意图。”

当哈耶克从经济学角度提出极具批判性的“观念的倒卖者”时，我对自己作为一名教师、一名知识分子的身份是持怀疑态度的，尽管教师们对教育教学也好，对学生成长也罢，往往都是出自“真诚的信念”和“良好的意图”。

我长期以来一直在思考：对于一名教师，通过阅读和写作成为一名“关心公共议题”的知识分子是否是一种自我生长的最佳方式？或者当万马齐喑的基础教育界整体性地沦为“观念的倒卖者”时，我们的阅读、思考和写作，将用怎样的话语叙事来达到内心的平衡与慰藉？这是我内心一直存疑和惶惑的。

然而，我的生活范围和教学工作，决定了我不是一名客观经验的记录者和写作者，而仅仅是经由阅读进行“观念再加工”的“倒爷”，以使自己不至于在经年累月、庸常而繁复的教学工作中，逐渐沦为慵懒者，成为抱残守缺、故步自封的“教学能手”。这是我内心对于这个职业在未来可能给自己带来的可怖后果的警示。

以上是我在谈论阅读给我带来的思考、写作给我带来的愉悦之前，必须要做的一个内心独白。

外部经验的建构者：完成自我生长

在这片红色的土地上，我们有太多苦难与艰辛的经验，有太多革命教育与红色情怀的书写，而这些迎面扑来的“经验”，无疑，也阻隔了我们对于现代文明的鲜活感受。历史总是在不断地前行，对于一个教师而言，在我看来“鲜活的感受”依然是最重要的。

诚然，我承认教师知识结构的完整性、教师专业能力的无可置疑性、教师教学中所闪现的人格魅力等因素都是构成教师成为一名“优秀教育工作者”不可或缺的重要因素。然而，“鲜活的感受力”兴许是保持优秀的源头，这种“鲜活的感受力”让我们始终拥有原始的探索欲望，对未知的好奇，对时代的敏锐，对新鲜事物的追索、思考与接纳。这些都是让一名教师能够始终保持胸怀和气度、达观与睿智的关键所在，是让他始终能够与不同时代的学生保持心灵相通的重要原因。“鲜活的感受力”能够让我们始终保持青春的姿态，在生命的征程里，笑对悲伤与忧愁。

而所有经验世界的建构只有经由阅读和写作使自己成为完整的自己，方才显得有意义。彼时，我们便不仅仅是站在自己的维度来谈论某种“生活方式”，而是促成了自我生命的完整性。要知道，当下的“阅读和写作”作为一种生活方式的存在形态，任你如何咀嚼，都是些寡淡无味的陈词滥调。

阅读的私人性和写作的个人经验性，决定了话题谈论的个体指向性——自我生长的意义，或者说塑造生活可能性的意义。尽管，我不想成为哈耶克口中所嘲讽的那个“倒卖观念的好手”，也不想成为“肩负着向公众提供新观念”的社会角色，但我想在日常的生活里，通过阅读和写作来提供另一种观念上或思想上的可能性。这是我一直期待的。

在教育饱受诟病的年代里，是否还有一群上下求索的“盗火者”？

教育在式微的年代，是否还有一群理想主义者在坚持教育的情怀？教育在流弊非常的岁月里，是否还有一些激浊扬清、摒除时弊的革新者？当我们还在时代的边缘徘徊时，已经有人在用文字搬运想象，用言说抵抗沉默。

蔡朝阳当年在《寻找有意义的教育》中，已经让我看到了一个普通教师也可以有“记录生活”，为自己的教育之路“立此存照”。他在自己的教育长河里，在自己的“课堂山峦”间，寻寻觅觅、上下求索、跋涉万里，终于在“第一线”大放异彩，终于与他的同伴们再次发出鲁迅当年的呐喊：救救孩子。

蔡朝阳始终强调要有一种“日拱一卒”的精神，强调在我们凌乱的生活里，保持与自己契合的精神国度，所以他要找寻有意义的教育国度。他让我知道，作为一名教师除了要知道教育是“慢的艺术”之外，更要知道教育必须成为一种有意义的生活方式，必须要有“日拱一卒”的姿态。要知道“罗马不是一天建成的”，我们呼唤自我革新的理念，更加相信阅读和写作作为精神成长的手段，其唯一的目的，兴许就是为了完成自我生长，不管这样的生长有多慢，都没有关系，只要朝着我们的方向，便欣然足矣。

精神政府的缔造者：回归常识与理性

对于中学教师而言，通过阅读构建自己的精神政府，是抵抗现实暴虐、与世界达成和解的最佳方式。在我的世界里，曾经经历过无数的精神暗夜，迷惘、错失、无助、彷徨，没有任何声音回应这个现实的荒诞世界，没有任何正义回应现实的戕害与不公。作为心灵的训诫者，我多少感知到自身的无力与疼痛，尤其是精神的焦灼与时代的悖逆。

因此，我总是希望自己能够在日常阅读中，通过与那些伟大的灵魂沟通来建构自己的精神准则和世界篱墙。譬如，我们需要在诗人的世界里，感受到世界的诗性之美，兴许在诗歌的国度里你真的可以“无所事事”，成为卞之琳笔下那个“拿着两个核桃，不知磨了多少时光”的闲人。

当然，在教育的诗篇里，作为一名教师，你除了要有自己的爱心和温暖之外，还应该更多地找到一种“教育的道与术”。在文集《教育的道与术》中，你可以真正见到那些“质本洁来还洁去”的教育人。在他们那里，你可以看到夏昆是如何从“夏昆”变成“摩西”，又从“摩西”变成“夏昆”的；你可以看到吴非老师是如何告诫他的学生在“学生时代养成良好习惯”的；你可以看到于永正给新教师提了哪20条贴心建议；你可以看到众多民国教育思想家们的形象跃然纸上；你也可以领略到当代名家龙应台先生给我们的提醒——父母是有有效期的。

这些熠熠生辉的阅读经验，让我进入了一个全新的认知境界。在这样的阅读中，我分明能够感受到一种畅快，我终于成为一个教师原本的面貌，我终于回到了生猛而又市井的生活里。正如李政涛教授在《教育常识》中写到的一样，我们作为一个教育人需要捍卫的是“常识”，是回归理性与常识的教育正道，而不是那些光怪陆离、离经叛道的“教育奇葩”。如果说，我们作为一个教育人曾经最美好的称谓是“人类灵魂的工程师”，那么我想，今日兴许可以改改了，不妨称之为“人类精神政府的缔造者”。

作为一个“人类精神政府的缔造者”，我想，从事教育无非就像钱钟书先生当年所言，“大抵是荒江野老屋中，二三素心人培养之事”，也恰巧我们乐于做这“野老之事”，云淡风轻，在正常的社会秩序里，更多地倾听常识，回归理性，为自己的灵魂立法，为我们的教育生活增添更多明媚的春光。

作为一个教育人，我们所有的阅读和写作，通通都是指向正视常识与回归理性的。正因为，在我们当今的社会中迷漫着一股对“常识”的无知与冷漠，尤其是对“教育常识”的无知与冷漠，所以才会有“李铁军式”的教育闹剧,所以才会有“毛毯厂式”的高考工厂……

在我看来，正是因为不尊重教育常识，不懂得教育规律，所以才会有诸般“血腥”的教育现象发生在中国大地上，才会有各种离奇的校园暴力、校园丑闻见诸报端。而我们一面将其归罪于体制性的漏洞和制度设计的失败，一面居然心安理得，丝毫没有反省我们的教育里所出现的众多违背教育常识的做法，也没有提出建设性的改革措施。

我想，教师的教育写作不同于一般的写作，教育专业的阅读也不同于一般性的文学阅读，它们更具一种专业视角。在我们所面对的具体的教育事件里，我们应该抽丝剥茧，看到教育的纹路，看到教育的细节，看到教育带给我们的思索。朱永通老师的《教育的细节》在这方面兴许是一个良好的读本。在具体的教育行为中，“枪口抬高一厘米”有多么重要，我们从未有这样的意识，而朱永通老师从细节走进教育的姿态让我格外欣赏，而且他也让我们在细微的日常里看到了庞杂、宏阔的教育风景。我想，只有当我们俯身与孩子平视这个世界，倾听他们的内心时，我们才是一个正常的教育人，一个理性的教育人，一个懂常识的教育人。

职业生涯的“盗火者”：生活的可能性

我记得我的大学老师曾经谈过一个这样的话题——“读书与职业生涯”。作为一名大学教师与杂志主编，她曾经说过：“（这个话题）与其说是在讲教师的职业生涯与读书的关系，倒不如说是教师的生活与读书的关系。”她之所以会说这样的话，我觉得很大的程度上是因为她的性情使然。她是生活掌故的收集者，一个茶艺爱好者，一个文学执拗者，一个思想锋锐的人物，同时她也是温情脉脉的师长，更是时刻保持阅读与写作，让自己享受生活的忘情者。

在自己的教职生涯里，我时刻以她为自己的生活榜样。她是那种永远不忘生活的人。她身份多样，既是一个大学教师、杂志编辑，也是一个茶艺师、书法爱好者，钢琴也弹得很好。她总说生活应有无数的可能性，这样才算得上是迷人的风景。她在我的心中就是那个“盗火者”，为我开启了一道教师生活多姿多彩的门。

她也总强调“读书于我们成长的重要性”。记得大学时，一群爱好读书的文学青年们邀请她来为我们做读书指导，她总是笑而应答，每一次阅读的交锋和言辞的碰撞，总能让我们感觉到一个闪烁着理性光芒的时代女性。在沐浴过 20 世纪 80 年代的浪漫遗风后，她向我们坦诚内心曾经的隐忧、困惑、彷徨和明丽、敞亮、欢喜。此刻写下如此温情回忆的文字时，我仿佛又回到了那一年静湖边上纵论诗酒、白衣飘飘的悠然时光。

她迷醉于“人不能被异化”“人不能被淹没”的主题。个体的价值总是在我们集体沦陷的同时，与尔同消，与尔共陨。这是她所不愿看到的。她更喜欢关注大时代里“小人物的命运”，她总是乐此不疲地讲述《奥斯维辛没有什么新闻》，讲述那些被关押的囚犯的神情，我似乎可以看到她对我们描绘的每一张面孔。当她跟我们推荐卡尔维诺《树上的男爵》时，我们又再一次被她的魅力所折服了。

毋庸置疑，卡尔维诺给我们世人创造了一个全新的“树上王国”，12 岁的柯希莫赌气上树开启了他一生的传奇，我们所有人一起跟随他进行了一次人生的跌宕起伏与新奇沉溺。这样的文本阅读，让我展开了对生活的无限憧憬。我们可以超越自己，成为某个时空里的主宰吗？至少是自己人生的主宰？而卡尔维诺告诉我们：是的，你可以的。

我希望在未来的教育生涯里，自己也能告诉自己的学生：你的未来，有无限的奇迹等待着你去发现、找寻、创造，你可以自信且无悔地对自己说，“我的生命我做主，我的人生我做主”。我希望自己成为那个“盗火者”，那个“燃灯者”，去为自己的学生开启一扇门，寻找到另一种生活的可能性。

（作者系江西省南昌市第一中学教师，江西省作家协会会员）

教育人生要有经典相伴

潘裕民

教育需要经典的依托，教师要从经典中汲取力量。教师要走专业化发展的道路，提升自己的精神境界，最重要的途径就是“读书”，要通过研读教育的经典著作，与古今中外的教育家对话，不断更新教育观念，提高教育理论素养。

我们知道，每一项成功的教育改革都是建立在坚实的理论基础之上的。教师投身教育改革的实践，如果缺乏理论的指导，没有先进理论的滋养，没有几本教育经典和专业书籍打底子，就会停留在机械模仿上，就会在实践中丢失自我。

北宋著名文学家黄庭坚说：“士大夫三日不读书，则义理不交于胸中，对镜觉面目可憎，向人亦言语无味。”我也有这种体会，觉得生活中一天也离不开阅读，如果每天不读点儿书，滋润自己的心灵，就会感到有些不自在，好像生活中缺少了点什么。阅读是一个漫长回味的过程，是一种生活体验，一种精神依托。作家毕飞宇说：“阅读究竟是什么呢？我的体会是陪伴。即使老婆上班去了，孩子上学去了，一个人面对着一本书，我依然觉得家里是有人的。阅读有效地保持了日常生活的生动局面。”作为“学习共同体”的教师，我们更应该把读书作为日常生活中的一个重要组成部分，就像呼吸空气那样自然。

与一般人不同,教师读书是“经典学习”,也是伴随教师终身的“另类备课”。如果说国学是传统文化的一顶皇冠，那么经典就是皇冠上的明珠。正如一切历史都是当代史，一切文学经典也都是当代经典。经典的价值和意义，就在于它可以和一代又一代的读者对话，可以引起一代又一代读者的思考、辨别，包含着无限解读的可能性。作为具有权威性和典范性的著作，经典经过了千百年来无数读者的筛选，大浪淘沙留下来的大都是生命力最强、最有价值的，尤其是中国传统文化经典，内容相当丰富。只读教材、教参的教师无论如何是不能成为优秀教师的。一位教育家说过，教师的定律，一言蔽之，就是你一旦今日停止读书，明日就将停止教学。与过去相比，今天的教师任重道远，社会对其的要求日益提高。做教师难，做一名优秀教师更不易，要教给学生一杯水，教师不仅要有一桶水，更要努力使自己的大脑知识储量成为一条生生不息的河流。还是那句老话，教师要常教常新，只有坚持读书，尤其是要阅读经典。

从广义上说，看电视、看电影、上网也是一种阅读，但其效果是不一样的。纸质出版的图书适宜让人沉静地、系统地阅读，当人们一页一页地翻过书页时，是在一点点地汲取文化的营养。而电子信息则不一样。比如，读曹雪芹的《红楼梦》原著和看电视剧《红楼梦》，就是两种截然不同的体验。电影、电视给你的常常是破碎的、片段的、跳跃式的、蒙太奇一般的零散图像，读纸质书却是一个完整而漫长的思维过程，其阅读的艰辛是一种不可取代的幸福。换言之，纸质书就好像一道需要细嚼慢咽的中式大宴，而“微阅读”则是可以狼吞虎咽的洋式快餐。何况人类的智慧是有积累性的，传承下来才能成为经典。而网络上的文化、知识，消费性极强，即时消费后，不到三个月又被新的时尚替代了，这些知识更富于流动性，很少能积淀下来。从这个意义上说，看影视、上网和读书是不一样的。

实际上，经典阅读是全球化时代的选择。名著、经典是人类文化和知识的最高结晶，读经典名著，在任何时候都是必需的、正确的。经典之所以为经典，是因为经典可以跨越时代、地域，而被最广大的读者喜欢，读者可以从中找到并印证自己的思想，引起共鸣。中外历史上不少经典之作，比如《红楼梦》《战争与和平》《夏洛的网》以及一些著名作家如鲁迅、安徒生的书等，都是值得一读的。至于孔子、陶行知、叶圣陶、朱永新与苏格拉底、苏霍姆林斯基、杜威等古今中外教育家的经典著作，更是教师的必读之物。

作为教师，我们应该如何阅读呢？古人有“好读书，不求甚解”的说法。对此，我们要具体分析。我以为，读非专业的书大可不求甚解；而读专业的书，尤其是阅读教育和文学经典，则切不可不求甚解，一定要细读、深读。用司马迁的话说，就是要“好学深思，心知其意”。朱熹也不断提醒人们：做学问读书，一定要耐住性子仔细理会书中的内容，千万不可粗心大意。他还说，没有明白书中的道理时，就好像有很多层东西包裹着，无缘相见，一定要今天去一层又见得一层，明天去一层又见得另一层。将皮全去掉，才能看见肉；将肉全去掉，才能看见骨头；将骨头敲碎了，才能看见骨髓。

在快节奏的信息化社会，这种层层深入的阅读方法是值得提倡的。江苏省作家协会副主席毕飞宇教授说："我瞧不起读书快的人，读书快的人一定能够接触很多的信息。但一个失去了慢读能力的人，无论智商多高，反应能力多强，都会丧失知识内部的逻辑关系。"尤其是到了微博时代，人们阅读的忍耐度是140个字，所谓的"标题阅读"。从一定意义上讲，手机阅读大多读的是资讯，而不是知识。因此，著名作家贾平凹说："我看现在好多人以阅读多但不精而骄傲，这是不对的。切切不要忘了精读，真正的本事掌握，全在于精读。你若喜欢上一本书，不妨多读。第一遍可囫囵吞枣地读，这叫享受；第二遍就静心坐下来读，这叫吟味；第三遍要一句一句想着读，这叫深究。三遍读过，放上几天，再去读读，常会有再悟的地方。"可见，真正的经典阅读是需要耐心的，不能满足于"我在读，这就够了"。

有道是，人生是有次第的。阅读，也是如此。阅读的最高层次，就是经典阅读。因为经典的力量不仅在于"过眼"，更在于"入心"。唯其如此，我们才会在文本的字里行间发现别人没有发现的意蕴，从而透过文本，走进作者的心灵。所以我认为，教师要阅读，更要有经典阅读。有经典相伴，我们的教育人生才更精彩。

（作者系上海市黄浦区教育学院原副院长，

上海市作家协会会员）

| 第三辑 |

/

教师是一本书

/

阅读与教师的专业成长

常生龙

阅读与教师的专业成长有着密切的关系。在教育领域，这些年出了不少的领军人物，他们成长的际遇和路径千差万别，但也有一些共性的地方，阅读就是其一。几乎所有的名师，都有广泛阅读的习惯和坚持不懈开展阅读的毅力。他们让自己成为阅读者，也让阅读成为自己的生活方式。

阅读为何重要

阅读对教师来说之所以重要，有如下几方面的缘由：

第一，职业特点决定了教师必须养成阅读的良好习惯。教育的目的之一，是培养学生自主学习的习惯和能力，让学生从搀着走、扶着走，逐渐实现自己走。而阅读是自主学习的一种基本方式，是一个人终身受教育的基本途径，阅读习惯需要通过教师的言传身教来培养。教师自己不阅读，培养不出会阅读的学生来；教师自己没有自主学习的习惯和意识，很难为学生的终身学习奠定扎实的基础。

读书还是提升人的精神境界的重要途径。人类始终是在读书中思考、在读书中发现、在读书中成长的。每一个心怀理想、对精神世界有所追求的人，都会不断地在现实的大地上寻求理想实现的可能性。而广泛地阅读、持续地和哲人对话的过程，能使人们或是坚持立场，或是修正理念，并在其中逐步完善自己，最终找到在人间诗意栖居的方式。

第二，世界飞速变化与面向未来的要求凸显阅读的重要性。我们常说教育是面向未来的事业。我们今天所做的一切，都是为了给孩子们未来的生活和工作奠基。但是，我们能预知未来吗？今天世界上最热门的十项工作，在十年前是不存在的，而十年之后的世界能发展到的程度，也是超出我们想象的。我们的教育是在为不可预测的未来培养社会的栋梁。在这样的背景下做教育，最重要的不是让学生记住多少知识，而是要呵护学生那份向学的心，那份求知的欲望，培养他们良好的学习习惯，特别是阅读的习惯、思考的习惯。师生在前行的道路上遇到难题的时候，要知道可以通过阅读来寻求问题的解决。一个人拥有了阅读习惯、思考习惯，也就拥有了面向未来的钥匙。

第三，信息对称所导致的本领恐慌要求教师加强阅读。在过去很长的一段时间内，知识更替的速度非常缓慢。一个教师在从教的历程中，学科本体知识、教育教学知识以及教育技术学知识等都极少发生改变，他基本上可以用自己求学时期所储备的那些知识来应对教学的各种要求。而且，教师在过去几乎是学科知识主要的信息源，学生所学的大部分内容都来自教材和教师的讲授，信息具有很大的不对称性，教师的权威性不容置疑。但伴随着互联网时代的到来，教师必然会发现自身的权威性受到了极大的挑战：首先是教学内容更新的节奏不断加快，教学要求也不断改变，给自己的教学带来了很多“麻烦”；其次是自己不再是教学内容主要的信息源，学生可以通过各种新媒体和移动互联网获得最鲜活的学习内容信息，出现了师生信息对称的新情况，甚至学生所了解的信息比教师还要多，教师若还依照过去那些套路来教学生，学生自然不买账。在这样的环境下，教师必须要知道自己的优势在哪里，同时还要加强阅读，在名家的教育理论和一线教师的教育实践中寻找新的教育智慧，来提升自己的教学能力，应对“本领恐慌”。

第四，教育综合改革的新形势提醒教师要关注阅读。过去的教育，从某种意义上说是“目中无人”的教育。“知识本位”的教育观，班级授课制的教学组织形式，使得教师在教学中很难关注到学生个体，关注的重点常常落在教学目标的达成、教学进度的推进等环节上。新一轮的基础教育课程改革，突出“以学生发展为本”的教育理念，强调要把立德树人作为教育的根本任务来落实。对教师来说，这是一次思想的革命，需要教师切实转变教育观念，并在教育实践中加以践行。思想和观念的转变不是一件容易的事情，教师要有变革的自觉，也需要“站在巨人的肩膀上”登高望远，而书籍就是教师登高望远的阶梯。

第五，教育实践走向科学需要坚持不懈地阅读。教育是一门科学，但其科学化程度还不够高。波普尔提出了衡量一种理论科学地位的方法——必须要有可证伪性。换句话说，一个理论提出来之后，针对别人提出的质疑，要能够通过实证来证实自己的理论是经得起推敲的。回想一下我们的教育教学研究成果，就会发现其中的问题。一些学校、教师总结出来的教学理论或者育人模式，在变换了研究对象之后往往就失去了作用；一些教育工作者提出的“教育理论”，常常是要么降低自身的科学性，要么干脆就没有可证伪性。这固然与教育对象的复杂性有关，但也反映出教育教学研究科学化程度不高这一弊端。要提升教育的科学化程度，阅读显然是一个重要途径。

教师如何选书

很多教师其实是有阅读意愿的，但常常为如何找到心仪的书籍而烦恼。通过博客等媒体，有不少教师和我探讨过如何选书的事情。要回答这个问题并不容易，每个教师的阅读基础有很大的差异，阅读趣向、专业背景等也有显著的不同。别人认为重要的书，自己可能读不下去；别人喜欢的书，自己可能一点也不喜欢。

下面，我结合自己的阅读经历，谈一些思考和体会，供大家参考。

第一，选书的途径。

书是需要淘的。我淘书主要通过两个渠道：一是书店，二是网络。到书店里去寻找自己喜欢的书，其优点是能够见到实物，可以通过翻阅了解这本书的主要内容，判断是否值得购买。到书店里淘书，需要有足够的耐心，面对琳琅满目的图书，真要找到几本自己喜爱的书籍，没有时间的投入是不行的。我比较喜欢去两类书店。一类是专业书店，比如说专营教育图书的书店，这类书店对书的选择往往比较精到，可以很方便地在这里找到自己需要的作品。另一类是旧书摊，有些“宝贝”躲在书店的某个角落没人赏识，时间久了就沦落为折旧的图书，来到了旧货市场，经常到旧书摊上去看看，说不定就会有意外的惊喜。

在网络上淘书，是我现在购买图书的主要方式，其优点是足不出户，只要输入相关的关键词，同类书籍就会一起推送到你的面前，供你选择。在网络上选书，我比较注重几方面的信息：一是出版时间，近期出版的新书，我会比较留意，除非有特定的选择，一般不去关注出版时间比较久的书；二是出版社，有几家出版社在教育、文化等方面做出了自己的品牌，他们对图书的选题本身就有独到的眼光，所出版的作品从装帧到内容都比较好，值得信赖；三是书的内容，可以通过网络上提供的章节试读、内容提要等栏目，了解本书的写作风格和特点，加以判断和选择。

朋友的推荐，也是我选书很重要的途径。在我周围，就有不少教师和校长非常喜欢阅读，他们在阅读的同时，还会将自己的感受和体验讲给周边的人听，如果有人感兴趣，他们说不定还会亲自购买来送给他人，我选购的不少书就来自身边这些朋友的推荐。另外，如果你经常浏览博友的博客、专业的论坛以及阅读方面的微信公众号，也会在其中找到一些阅读方面的志同道合者。他们中的很多人有非常丰富的阅读经验，对如何选择一本书有独特的见解，对相关作品的剖析更是非常深刻。和这些朋友互动交流，自然就会使我们得到许多有价值的图书信息，丰富我们对书的选择。

如果你经常阅读，并且主动将自己的阅读体会发布在网络上，时间长了就会引起各方的关注。一些新书的作者会将自己的作品寄给你，一些出版社也会赠送最新出版的书。我因为坚持每周读一本书，撰写一篇读后感，并将这些文章发布在博客中，所以经常会得到作者和出版社的赠书，也丰富了对书籍的选择。

第二，选书的意图。

一个人每周坚持读一本书，已经是一件非常不容易的事情。但每周全国各地的出版社出版的图书往往有数千种，种类繁多的图书与个人阅读的有限性之间的巨大反差，提醒我们要慎重选择所要阅读的书籍，不要浪费自己的时间。

选书的时候要少一点功利性。有一些老师对阅读这种“潜移默化”“润物无声”的特点认识不够，以为只要读上几本书就能让自己的专业水平有很大的提升，等遇到专业成长的问题时“临时抱佛脚”，这实际上是一种误解。阅读就像我们每天吃饭一样，源源不断地滋养着我们，需要经过一段时间，才能看到身体的成长和心智的成熟。在阅读时要摒弃功利性的想法，依据自己的阅读基础，选择自己喜欢的能够顺利读下去的作品，先把阅读趣味培养起来。阅读的面要尽可能广，不要仅仅局限在自己的专业领域或者教育领域。世界原本就是一个整体，相互之间有着非常紧密的内在联系，其他领域中处理问题的方式，或许可以借鉴到教育中来，为我所用。

阅读不能太功利，但选书还是应该有一定的想法或意图的。比如，要剖析自己在专业成长方面的短板和问题，有意识地去读一些相关的书籍，来补自己的短板。我从教之后，在较长的时间内一直将目光聚焦在课堂教学上，新课程改革提出“教师应该是课程的建设者”这一理念后，我意识到自己对课程的理论、课程的要素、课程的建设等方面的理解都非常肤浅，于是集中精力研读了一批课程理论、课程实践方面的图书，从中获益匪浅，后来还因此成为上海市研究型课程建设项目组的专家组成员。又比如，对某一个人或者某一项工作感兴趣，可以在一段时间里集中阅读相关的作品，全方位地加以了解，深化认识。李希贵校长就是我长期关注的作者之一，他最近十年的每一部著作我都阅读过，还分别撰写了读书体会。前年他到上海虹口区做学术交流，我曾将自己阅读他的著作所撰写的文章汇编成册，赠送与他。对黑洞、慕课和翻转课堂、那些真正做到“目中有人”的学校等方面的兴趣，让我确立了一个个的小专题，开展系列化的阅读。这样的阅读既有点上的深入，又有面上的宽广，效果明显。

带有一定意图去读书的过程，也是培养文化判断力的过程。结合自己的工作和生活实际，来确定哪些书适合精读或者作为专题阅读，哪些书主要是拓展视野的阅读，这本身就是一种选择和判断。就一个阅读主题，不同的人的思考方式常会有较大的差异，将相关联的书籍放在一起阅读，会给自己带来多元化的认识和思考，提升自己的思维品质。这些都是提升自身文化判断力的过程。伴随着判断力的逐渐提升，选书的品味和质量也会同步提升。

获得专业成长

有教师曾经向我“吐槽”：我很喜欢阅读，读了不少书籍，但为什么没有感觉到自己的成长与发展呢？这个问题其实很重要，阅读是教师专业成长的基础，但要让阅读的效益凸显出来，要让自己获得成长，还需要做好另外一件事情：写作。

先说说我的阅读成长经历吧。

我上小学和初中阶段，是“文革”的中后期，学校虽然坚持上课，但课程安排得比较松，也没有那么多的作业做，每天有大把的时间可以自由支配，这为我喜爱上阅读奠定了基础。我的书包里常会装一些小说之类的书，在课余时间、上学或者放学的路上阅读。考上高中之后，除了经常借阅各种书籍阅读外，我还从捉襟见肘的餐费中省出钱来订阅报纸，扩展自己的阅读视野。因为书看得多，所以写起文章来也不发愁，我的作文经常作为范文贴在教室后面的黑板上，供大家学习和借鉴。考上大学不久，我又先后担任了学校广播站的通讯员、系学生会宣传委员，后来还担任过学校广播站的站长。在大学求学期间，院广播站播送的新闻稿件中，有相当数量的稿件是我撰写的。在负责写稿、审稿等工作的同时，我也经常给各个系的通讯员等开设讲座，指导他们做选题、撰写新闻稿等。这一切，都是广泛的阅读给了我这样的底气。

走上三尺讲台的我，更加注重通过阅读来提升自己的专业素养。一方面我坚持购买书籍，让自己的书橱逐渐丰满起来，将自己的头脑用知识武装起来。另一方面我订阅了当时所有与中学物理相关的专业杂志，及时把握学科研究的最新动态。我不仅自己广泛阅读，还将其中一些学生看得懂的、有价值的物理知识和相关信息进行整合，亲自刻蜡纸、编撰物理学习报，用手推的油印设备印出来给学生学习。这些经历逐渐养成了我在阅读的过程中仔细认真地对待文本，提纲挈领地提炼文本精华的好习惯。在阅读的同时，我也持续地开展写作，针对自己在教育教学方面感受较深的一些问题撰写教学随笔和研究心得，经过7年的努力，积累了一大摞的手稿之后，我的文章终于刊发在了专业刊物上，从此一发而不可收。

回想这些年的成长过程，不难发现，每一个成长的阶段都凸显了“阅读”和“写作”这两件事的互相促进、相辅相成。高中阶段广泛的阅读给我写作文提供了养分，而一篇篇作文作为范文贴在墙上，更激励了我将阅读进行到底；大学期间不断写通讯稿让广播站发现了我，而我通过阅读不但提升新闻报道的基本素养，经常为同学开讲座，也激励了我写出更加优秀的作品来。走上工作岗位之后坚持不懈地阅读和写作，促使我更加深入地思考教育教学中的诸多问题，并在着力表达的过程中实现了一次次专业水平的进阶。

我曾以“如何写好读书笔记”为题，在《中国教育报》上发文，谈了自己对阅读和写作的看法，强调阅读和写作，一个是汲取和输入的过程，另一个则是释放和输出的过程。阅读一本书，和作者有了一番心灵的对话之后，通过写作的方式来记录自己的阅读，与作者和更多的人进行沟通和交流，对自己的思维进行梳理，是一件很有意义的事情。同时，文章归纳了读书笔记的三种主要形式：书评、读后感和札记。这篇文章还收录在我的《给教师的5把钥匙》一书中。

教师的写作不应局限于读书笔记，还应该包括教育随笔、教育叙事故事、教育科研成果的报告等。教师走进学校、走进教室，每天都会发生很多有趣的事情，每天都会有生成性的教学情境，如果留意这些，并通过随笔的形式记录下来作为鲜活的教育资料，就会成为自身专业成长的源动力。在这些教育随笔中，一定会有一些引起自己深思、对别人有启发意义的故事，将这些故事讲述出来，并尝试着从教育学、心理学等角度加以诠释，一篇有价值的叙事故事就诞生了。选择自身教育实践中的一个困惑点，通过文献阅读、实践探索等多种方式进行研究，将整个过程记录下来，在取得突破之后加以梳理，形成研究报告，这对其他有同类困惑的教师的启迪作用就会非常大。

每一个教师在讲台上都能够侃侃而谈，但多数教师对提笔写文章感到非常困难，其主要的原因就是平时没有养成坚持写作的良好习惯，不能将自己思考的、用口语表达的话语顺畅地转化成文字。一些教师还以自己是理科老师为由，为自己的“不能写”开脱，这样的理由是不成立的，我自己就是一个理科教师，可以证明理科教师和文科教师一样是可以写的，关键在于自己是否有内驱力，是否有专业成长的强烈动机。阅读和写作，是教师专业成长的一体两翼，不可偏废。

（作者系上海市虹口区教育局局长，2012 年度《中国教育报》推动读书十大人物之一）

黄玉峰：教师就是一本书

梁 杰

听说黄玉峰，是在媒体的报道中，他被某报称作“语言教学的‘叛徒’”，也被同行冠以“五四青年”的雅号。

初识黄玉峰，是 2015 年 8 月上海举办的一次黄玉峰的《上课的学问》新书分享会上。虽然是周末，却有很多读者冒着大雨，放弃休息日，排着长长的队只为求得他的亲笔签名。

再次见到黄玉峰，是 2015 年 9 月 28 日，在他的新实验基地“复旦五浦汇实验学校”举行的立校典礼上，这一天是孔子诞辰 2566 周年纪念日。

“江南名府，吴越形胜。天聚卿云，地钟灵秀……遂有君子仁人，兴庠序、树桃李、振铎声。逢孔圣之华诞，传斯文之一脉……呜呼，教育之颓亦已久矣。五浦之兴，如清风来，如春雷响。惟师生一德，家校同心。筚路蓝缕，开启新程……”复旦大学哲学学院副院长郑召利正在朗诵《五浦庠序赋》。洋洋千字，铮铮风骨，掷地有声。这正是刚担任复旦五浦汇实验学校校长的黄玉峰，为开校典礼作的大赋。

语文的差距是“人”的差距

我们自然要给学生一张进入重点大学的门票，但我们更应该给学生一张进入社会的门票，一个美丽扎实的人文底色。我们不仅要关心学生的今天，更要关怀学生的明天，是谓“终极关怀”。

——黄玉峰

在中学语文界，黄玉峰是位颇有争议的人物。他经常会做出“离经叛道”之事，说些别人不敢说的真话。

1999年秋，黄玉峰应邀去天津参加“全国中语会”，开幕式第一天，众多发言者发出一种声音——为语文教育唱赞歌。彼时，语文教育已经出现教学落后、学生人文素养低下等种种弊端，作为一线语文教师的黄玉峰在自己的教学中也有切肤之痛。眼看大会就要结束，坐在台下的黄玉峰终于坐不住了，在接连递了两张字条都没有得到反馈的情况下，黄玉峰举手请求发言，大会主席还没有反应过来，步伐敏捷的黄玉峰已经坐到了发言席上，把话筒牢牢攥在手里：“语文教育走到今天，语文教学的现状诸位不是没有看见，我们在用学外语的方法学语文，我们在用学数学的方法学语文，我们在用考外语、考数学的方法考语文。作家自己写的文章，做不出语文专家们出的阅读分析题，这不是咄咄怪事……语文教育已经到了必须要彻底拨乱反正的时候了，可是今天的大会，不但没有把问题提出来，反而一味地自吹自擂……”当黄玉峰结束了5分钟的发言后，台下响起了雷鸣般的掌声。

这个人是谁？

怎么这么冒失？这么愤青？

他几岁了？

听说已经 54 岁了。

原来是个“五四青年”。

从此，黄玉峰便有了“五四青年”的绰号。

那时，黄玉峰在他任教的上海复旦附中开办高中“人文强化班”已经整整两年。面对语文教育僵化、枯竭，训练主义泛滥，而学生得到的文化滋养越来越少的现状，黄玉峰决心“另搞一套”。1997 年，经过几年的准备，他的文科加强班终于启动了，他计划，在不削弱其他各科的情况下，加强语文学科的教学，为提高学生的人文素养闯出一条切实可行、行之有效的路子来。

首届文科加强班是高一（3）班，黄玉峰给他的班起了个名字“逸山”。开学之前，他对照着学生的档案，给全班 45 个学生每人写了一封亲笔信，信中充满着对每个学生的期待和关爱。

在以后的三年中，黄玉峰极少让学生做分析、做试卷，而把时间留出来，与学生一起读书、写作，听学者讲座，练书法，学篆刻，演戏剧，编刊物，吟诗歌，利用假日和学生们奔赴“文化学旅”……

他调动了十八般武艺，让学生走出“应试”的樊笼，为学生健康成长，为学生精神成人打下厚厚的人文底子。黄玉峰说：“学习语文，不是为了做几道题得高分，而是为了有‘文化底气’，打下精神底色。那就是：爱读书，会读书，知识渊博，兴趣广泛，触类旁通，思想活泼自由，有责任感，最终成为一个真正大写的‘人’。”他认为，语文教育的本质是充实生命的过程，是为学生打好“做人”的底子。有人说数理化的差距容易看出，但是语文的差距，则是“人”

的差距，是一辈子的差距，非分数可测也。

语文教学最大的失误就是“不读书”

古人云：“教无定法”“教亦多术”，仅仅在教法上动脑筋，不会有多大收益，关键是教师本人的素质，尤其是教师的人格。正如鲁迅所说：“喷泉里出来的是水，血管里出来的是血。”教师自身素质不高，再怎么变尽戏法，也是收效甚微。如此，提高教师素质，乃是提高教学质量最根本的途径。

——黄玉峰

听过黄玉峰课的老师，都会感到，他的课神出鬼没、自由自在，他善于“东拉西扯”，课上到一半，经常会插上几句题外话，一首诗、一个历史故事，或者是自己经历的一件事、一个哲学观点。

黄玉峰把这个方法称作“插科”法，认为这正是自己上课的魅力所在。他说：“东拉西扯是一种能力，扯多少，扯得是不是时候，是不是地方，有没有价值，扯出去能不能拉回来，这是考验教师功底和才华的一个标杆。”

课堂之外有万水千山，课本之外有万紫千红，这些“插科”的内容本身也是对教材的增补，最终是为教育目的服务的。有句话叫“教师即教材”，教师本身就是一本书，关键是这本书要耐读。要让学生能够真正读到这本“书”，前提就是教师要有深厚的人文素养和文化底蕴。“可见教师自身素质的提高多么重要。”

总结自己40多年来的教学经验，黄玉峰概括为“教在课内，学在课外。”他认为，教学成功与否，最关键的是教师的素质。教师自身素质不高，再怎么变戏法，也是收效甚微。要想做个优秀教师，首先要做个学习者。需要长期的读书、积累、反省、修炼，除此之外，没有捷径可走。要学生成为读书人，教师首先要做读书人，给学生推荐的书，自己一定要先读一遍，引导学生入门读书，要用自己的阅读体验来示范，让学生感到："书可以这样读。"

黄玉峰认为，语文教学最大的失误是"不读书"，最简单的应对办法就是"还我琅琅读书声"。阅读课上，他尽量让学生们自己去与文本对话，有人责备他这是不负责任的"放羊式"教学，他认为，这种"放羊"没什么不好，只要放在水草丰美的地方，放养的羊就会比关在羊圈里精心喂养的羊长得健壮。他鼓励学生自己去读原著，而不是一句一句地讲，"教师讲未必能讲得好，讲得全，不如奉上原汁原味的大餐，让孩子们快乐地咀嚼、细细地品味。也许他们吃的时候并不知道里面有多少营养，这没有关系，因为那些营养已经融入了他们的身体，将来一定会在他们的成长中有所体现的"。

对于语文教学中"掰开揉碎"式的分析阅读，黄玉峰认为这是一种不健康的"饮食方式"。"一大桌香喷喷的饭菜摆在面前，硬是不让吃，非要折腾半天，用'科学工艺'提炼出几种维生素营养液才能入口，这无异于人为破坏了自然、均衡的饮食结构。'喂食者'累得精疲力竭，吃食者却严重营养不良。"其实，学生花在语文学习的时间并不少，但大多数学生的阅读量却少得可怜。黄玉峰认为，这种"分析"毫无意义，甚至只有误导。有人说，假使没有语文教师，语文课就让学生自己看书，情况也要比"分析"好得多。

"好老师还应是个写作者。"黄玉峰自己就是能文善写、舞文弄墨的典范。他认为，写作对语文教师而言须臾不可离。通过写作，他不仅发表自己对教育的看法，反省自己的教学，更重要的是为学生写“下水文”做示范。

作文教学一直是语文教师头疼的事，尤其是高中的议论文写作，更被学生视为畏途。有一年，黄玉峰新接了两个高一班，便想到自己“下水”试写议论文，让学生模仿。他事先以《黄生养雀记》为题写了两篇文章，一篇重叙，一篇重议。上课时，黄玉峰拿着自己的“下水文”作为教材，让学生分析两篇文章的不同。学生的写作兴趣被调动起来了，他趁热打铁让学生随意找个物象，写篇议论文，表达自己的情感或者观点。但由于是第一次写议论文，加上时间短，作文交上来后，效果并不理想。黄玉峰又继续以《黄生养雀记》为题写了之三、之四、之五，并印发给学生，要求学生重写这篇议论文。一周后，学生们似乎领会了黄老师借麻雀这个“意象”所要传达的思想，一篇篇好作文纷纷交了上来，黄玉峰惊叹学生们的潜能。

教师的独立精神是教育之“魂”

教师应该是个思想者，不要“跪着”教书。要学生具有独立的精神、自由的思想，教师自己首先要有独立的精神、自由的思想。当然，这不仅表现在课堂上，更多地表现在行为举止、一言一行上，渗透在教师的人格魅力里。

——黄玉峰

黄玉峰认为，要把学生培养成人，教师自己应该首先是个有独立人格的“人”，而不是只会唯“教纲”是从的教学机器。大环境不好，“我们可以创造良好的小环境，毕竟教室门一关，三尺讲台上你是起主导作用的，直接影响学生的是你”。

他不愿做浑浑噩噩的“小教师”，立志改革。教材中有些文章不值得花工夫去分析，而很多经典篇目又没有选入，他不畏“超纲”增减删添；课堂上他不让学生做毫无益处的“知识点操练”，而是省下时间让学生自己去读书；他指导学生办杂志、出文集，诗歌、书法、绘画、篆刻，只要学生愿意学，他就倾囊以授。凡是有利于学生成长、有利于人文传承的教育手段，只要他能想到的，他都去做。为此，他碰过不少钉子，也破坏过很多规矩，然而他义无反顾地坚持下来，而且也迎来了收获。他带过的文科强化班中，有十几个学生被北京大学、清华大学、复旦大学提前录取。

课堂教学关键在一个“真”字、一个“诚”字，最终目的是要学生有所收获。有一次上公开课，黄玉峰只讲了 15 分钟，而这些讲解就在学生读书的间隙。有些听课老师不习惯，黄玉峰说：“这是真的课啊！你们要听真课还是假课？”黄玉峰认为，真课没那么好看，没有精彩的表演、炫目的花招，上课毕竟不是演戏，一堂真实的课很难既满足学生的“腹”，又满足听课老师的“目”。没有主心骨的教师，一句话、一个动作都要表演给别人看，都是照着别人的意思办的，上这样的课是无法真正对学生负责的。

他认为，教师的独立精神，是教育之“魂”，教师如果没有独立的精神、自由的思想，便没有教育的发展、民族的未来。要有独立的精神，教师必须有自己的底气，需要勤奋学习、自我修炼，要“苟日新、日日新”，不要满足于老经验，要永远处于阅读状态、探索状态，不断有新的发现。教师的独立精神不仅表现在课堂上，更多表现在平时的一言一行、一举一动中。一个只会亦步亦趋、人云亦云、道听途说的教师是不足以为人师的。当然，除了学问，人格人品更为重要，教师应以修身为本，一个“本”不修的教师，即使学问再大，也不能成为一个好教师。

已届古稀的黄玉峰，如今做了一校之长，有做不完的事情等着他，整日忙忙碌碌，不知老之将至。相反，他觉得自己没有一丝一毫的疲惫之心，有的只是像刘禹锡所描写的“秋日胜春朝”之感。

开学在即，他又拿起毛笔，用了一星期的时间，给即将入学的160名新生每人写了一封亲笔信：“XX同学，恭贺您成为复旦五浦汇实验学校的主人……”这是他每到开学之际必做的“功课”。

黄玉峰写得一手漂亮的毛笔字，我想这也是为什么那么多读者排着长长的队伍求得签名的缘故之一吧。160封亲笔信在家长群里炸开了锅，且不说其内容所阐明的独特而系统的教育理念，只望见那行云流水般的毛笔字，或端正遒劲的钢笔字，已经令家长们激动不已，很多家长把黄玉峰的亲笔信裱了起来，挂在家中。

“玉峰从教四十八载，深知当今教育之弊端，诚欲有所作为。昔曾以一介书生，呼号实践，乃稍有因果。惟恨孽海深广，而精卫衔石，力薄势单也。今以古稀之龄长校青浦，得与同志诸君，辟教坛之新圃，开改良之筚路……”在致全校师生、家长的一封信中，黄玉峰总结了自己从教48年来的历程，阐明了“誓将‘人生教育’写在五浦汇旗帜上”的决心。

黄玉峰，如今又开辟了一片新的实验天地。他说：“我希望能为教育打造一个范例，用事实证明：书，可以这样读，学校，可以这样办。”

（作者系《中国教育报》资深记者、编辑、副编审）

吴非：一生只做一件事

梁　杰

从师范学校毕业到如今退休，我一直在一所中学教书，在讲台边，一节课又一节课，一年又一年，像农夫在地里耕作，平常极了。世世代代，无数的人都这样劳作，一生只做一件事。

——吴非

听说已经退休 5 年的吴非老师最近又出了新书《课堂上究竟发生了什么》，我十分好奇：退休后的吴非老师并非真的闲在家里，他在忙些什么？善于思考的吴非老师又遇到了哪些新问题？近日，我采访了吴非老师，在与他的交谈中，我又一次深切感到，30 多年来一直在一线做语文教师的他，对课堂怀着那份眷恋与梦想……

教师不阅读教育没希望

一个人成年后的精神追求，主要还在于个人的读书和修炼。幼年时广泛的阅读，接受文化熏陶，潜移默化之中，心灵有了正义和善良的种子；在少年时，在青年时，得到滋养，萌芽了，成了一棵长得笔直的树——除非有灾难性的砍伐，否则它不会倒下。

——吴　非

说起读书，吴非老师戏称自己是“早稻田大学”毕业的。吴非的读书经历可以追溯到1968年去农村插队，那时他刚满18岁，劳动强度很大，分配的粮食不够吃。然而比饥饿更可怕的，是生活在愚昧环境中，因此他不得不挣扎着寻找文明。“为什么要读书，我说不清，那时也没有什么企图，那个时代不可能让我去读大学，我只能自己找书读。用过两三年煤油灯，后来有电灯，但只能用15瓦的，如果用25瓦的，乡亲们就会有意见。无论如何，有书读，世界明亮了。”

在农村，吴非读的书比较杂。“我曾用了三年时间读近代史料，发现了许多和教科书上表述不一样的内容，明白了要对历史问题作判断，最好阅读第一手资料。我对一些问题的怀疑也是从那时开始的。”由于过早失学，底子差，“文革”中政治环境恶劣，读书也不能公开。那时读书没有方向也没有系统，抓到什么读什么。但这样的“杂”给他后来从事教学带来不少好处，吴非说：“中小学教师需要阅读些‘非专业’知识，这可以对他的思维形成补充。”

回顾个人的阅读史，吴非老师感叹凡是最终形成有价值记忆的阅读，多是在独处的状态下。阅读是个人的事，只有“个人”才能在阅读中思考，因而只有个人阅读才能真正获得教养。归根结底，教师的全部教育智慧都是个人读书、思考及与他人交流中产生的；外部的环境至多起到“催生”“促进”作用，没有“种子”不行。

吴非羡慕现在的教师赶上了读书的好时代，“文革”中，为了借一本书，他往往要走上几十里路，当年独自在油灯下如饥似渴读书的幸福感至今难忘。现在各方面条件都比较好，是教师专业进修的好时期，无论环境如何，一个人都能营造起个人空间，关键在于如何抵御诱惑，拒绝平庸，这些，需要教师有明智的选择。

谈到如今很多教师不读书的现状，吴非说："教师不读书的状态不改变，教育没有希望；教师缺乏阅读习惯，从本质上讲也就没有了'教'的资格。学生跟从不读书的老师，能学到什么呢？"谈到教师不读书的原因，吴非分析说，时下不读书的教师能在学校生存，和低水平的应试教育有关。有位老教师曾说："如果不搞应试教育，大部分老师将不知道怎么上课。"如果没有"应试"压制学生，很多教师在课堂上就会"露馅"。

吴非认为，有阅读习惯的教师，永远有阅读时间，不存在什么困难，不会受任何利益的驱动；而不想读书的人，永远会有各种各样的理由。教师不阅读的真正原因，还在于缺乏职业意识和正确的价值取向。教师能否把阅读作为生活方式，作为职业需求，能否正确判断学科教学价值，能否正确估价个人专业水准，都会影响他的学习观。教师不读书，有个人的懈怠和懒惰，也有体制弊端。有些学校，校长不学无术，也猜忌读书人，曾听到有校长非议教师，说"读书多有什么了不起"，公开宣言"读书多的教师难管"。学校风气恶俗粗鄙，会传染给学生，祸害无穷。

好老师应该是一盏灯

优秀的教师应该是一盏不灭的灯，而那"开关"就在他自己的手里。他的“亮度”在于他个人的修炼；如果他有“电源”，或是不断充电，他就能一直发光，一直照耀着学生面前的道路；教师的进德修业应当一直到教育生命终止。

——吴 非

在吴非看来，好教师或者说合格教师必须具备以下基本素质：思想者、学习者、实践家和优秀的表达者。

合格教师首先应该是思想者。要正确看待教育职业，维护教育的纯洁与神圣，保持做教师的职业尊严。既然是“师”，就得独立思考，在当下，要特别注意发展学生的思维品质。学生的成长，很大程度上取决于教师的价值追求。当教师的心中有“人”，并竭力不被世风压进平庸模子时，他的自由思想会照亮教室里年轻的心，每节课都会是生命的脉动。吴非认为，好教师就像一盏灯，照亮学生的精神世界。

吴非认为，有职业追求的教师，不仅在“教”的过程中“学”，还会不断地从生活中汲取教育资源并获得灵感。他应该是思考型的学习者，他能明白这节课要做什么，同时也知道这节课对未来意味着什么。对有追求的教师而言，每节课的作用都是独一无二的。

“我清楚自己的知识能力有限，所以一直能保持对事物的好奇心。我爱学校，因为这里有各科教师，每个人都有自己的专业，他未必是顶尖人才，但他一定在某方面比我强，我有许多可以请教的老师，我也总能找到值得关注的事物。直到退休，我仍然在摸索教学，想弄清学生学习的状态，想象他们在我的课堂上是如何思考的。”

教师是实践家，教师的工作绝非简单的实验和重复，而是充满创造的实践过程。每一位教师的工作都是独一无二的，教师在这一过程中不但履行职责，而且还应富有创造激情和理想追求。

至于“优秀的表达者”，吴非认为，不善于表达的教师很难获得学生的认可。

青年时代艰苦的插队生活，多年后逐渐浓缩为几幅图景及几个意象，成为吴非的青春记忆。他曾数次在夜间遭遇暴风雨：伸手不见五指的野外，他在泥泞中挣扎，瓢泼大雨，无处躲避；他大口地喘息，每迈出一步都悬着心，因为害怕滑入河渠、池塘中。绝望无助之际，只要远处隐约有一点灯火，都会燃起希望……其后，他不止一次地身陷那样的困境，逐渐地在心里点燃希望，同时常想到暗夜中的一盏灯对于路人的意义。

做教师后，当学生带着困惑来到他面前，离开时脸上带着微笑，他感到自己是个有用的人。“有时，我会有这样的想象，譬如现在，我正安静地在黑暗中思考，如果想到在远处有个人非常需要灯光时，我会立刻拧亮我的灯，或者走出屋子，点燃一支火把。我觉得做这样的事能让自己快乐。我有梦想，但我知道能力有限，至少，我可以改造自己，除此之外，能做多少算多少，总之，停不下来。”

每堂课都很重要

教学，像长途跋涉，带着一群儿童、少年，或者稚气未脱的青年，往前走，有时停下休息，偶尔也会绕点路，甚至会走错路；虽然我可能熟悉这段路，但我每次带着不同的人；他们最终要去不同的地方，我带领他们，直到他们有勇气踏上一段陌生的路，甚至去冒险。

——吴 非

吴非认为，基础教育的特点，在于教师的全部努力，经过漫长岁月之后，才可能从人的教养、习惯方面看到一点点作用，而追根溯源，却又未必能说清楚。教师的一节课，仅仅是一滴水，但是，每一滴对于生命都很重要。

教师的职责是“教”，为什么要教，怎么教，课堂上究竟发生了什么，始终是他感兴趣的问题。“我至今仍然在思索课堂上的一切。在那些年里，每天都在思想，为此殚精竭虑，时喜时忧；那几十分钟的一节课，你虽然知道可能会发生什么，却无法预知那些妙不可言的细节或是突然出现的障碍，你也未必能清楚地描述它与未来的某种联系。人的一生，有 12 年要在小学和中学的课堂上度过，课堂上发生过什么，课堂将会对未来有什么样的影响，教师不能不思考。”

吴非喜欢课堂，他认为上课是件很有趣的事情，教室里有几十个人，他们在观察教师，教师也在观察他们；这些人对教师有许多期待，各种各样的，大到人生梦想，小到眼前的快乐，而你尽可能地要了解这些人在想什么，你不但要让他们了解某些方面的事物，要让他们思想，成为人，还要让他们每节课都能轻松愉快。

“我常想，如果不是在课堂，我可能不会像这样关注一个人的状态。学生在课堂如何活动，他们需要做什么以及会怎样做，他们在几十分钟内可能会有什么变化，这些小小的变化如何聚集，最后会形成什么样的思维，可能会产生什么样的影响……如果教师能关注这些，并是个‘有办法的人’，教育就有可能成为美好的生命礼物，而不是简单的规训，或是一成不变的教化。”吴非如是说。

吴非重视每一节课，并始终着眼于“人”的教育。他认为，如果教师眼中只有“课”而无“人”，那样的“教”就没什么社会价值。“我不是个很有智慧的人，敬重常识让我少犯了很多错误。‘东鲁春风吾与点’，是极高的教育境界。我后来也想到，那也应当是极平易的教学常态。我常常憧憬那样的课堂，无论是做教师，还是做学生，甚至只是做一名旁观者。”

退休后，吴非有更多的时间静思。他每天走路近两个小时，城墙下、江边，一边走一边想。回顾自己课堂上那些事，“我的课堂有很多局限，我缺乏在不同学校工作的经历，对其他学科的教学了解也很孤陋。”吴非认为自己如果多年前能有这样静思的时间和空间，也许会少犯许多错误，把课上得更好一些。

退休后他每天都写点东西，把自己的思考写下来。这些思考如今已收录成书，吴非希望通过书让更多的人知道，教师要有自己的教育思考，心中要有学生，要警惕课堂上的种种反教育行为，不要身不由己地随波逐流。

（作者系《中国教育报》资深记者、编辑、副编审）

读书人应秉持怎样的阅读伦理

凌宗伟

有人说，中国教师是一个不读书的群体。此言虽说有些极端，倒也说出了实情。近年来，相关部门、学校与人士在学校阅读推广方面下了不少力气、花了不少心思，其成效是有的，比如“书香校园”“读书会”等已经耳熟能详了，甚至有人呼吁立法确立全国读书日以推动国民读书。但实际的情况是，真能静下心来读点书的教师还真不多见。

为什么会出现一方面读书活动搞得轰轰烈烈，另一方面真正静下来读书的教师却少之又少的尴尬现象？

教师读书的现状与问题

一个普遍的问题是许多教师根本不读书，或者说是根本不读教材、教参以外的书。

当我们主张教师读书的时候，遭遇的回应往往是，学校工作那么紧张，备课、上课、监考、阅卷，还有各种各样的比赛、考核，哪来时间读书？在GDP管理思维下，从政府领导到教育官员、学校校长、教师，到家长、社会，越来越看重的就是考试成绩和升学率，如何提高考试成绩和升学率？争分夺秒似乎已经成了一种默契。

管理者总是千方百计延长教师劳动时间，恨不得教师一天24小时都将精力花在教学上，双休日变成单休日甚至不休日，哪儿有时间让教师读书？教师的时间如果花在读书上，岂不影响教学？可悲的是，在这样的氛围中，许多教师也以学生提高了几分，多考上几个为荣。另一方面家长和学生也不答应教师读书啊，你去读书了，哪来精力教学？于是读书就成了不务正业的代名词，读书的教师甚至会成为被孤立的对象。都不务正业了，都被孤立了，还能读吗？

第二个问题是，有些教师也想读一点书，但苦于书籍太多，不知道读哪些书好。今天这里推荐这几本书，明天那里推荐那几本书，今天这儿弄个好书榜，明天那儿弄个好书榜，甚至有人借着推动读书活动之名，弄个教师必读的几本书，来推销自己的书。

这一来，原本想读一读的，心里犯嘀咕：究竟读哪些书呢？加之，当他们读了某人的书发现其内容不怎么样的时候，疑惑又来了：他所写的真是那么回事吗？这样的书值得耗时间去读吗？

第三个问题是，“书香校园”建设与“教师读书会”的形式主义、商业运作带给教师的负面效应。应该承认，各地这些年来“书香校园”与“读书会”组织的建设，确实在推动教师读书方面起到了不少积极的作用，但不可否认的是，也有许多学校和地方，其实就是以“书香校园”“教师读书会”为招贴，弄点声响而已，实际上阅读并没有落到实处、没有坚持下去，就为宣传报道、上报材料、接受验收等提供了一些图片和“资料”而已。这当中还有一个原因就是，学校图书馆进了一些质量低下的书籍，影响了教师的阅读情绪。

当教师看穿了领导们热衷“书香校园”“教师读书会”背后的动机以后，读书的兴趣自然消失了。

还有一个问题就是，理想与现实的相去甚远。一些教师在经典与名著的阅读中发现，现实世界，尤其是现实的教育境况，与大家在经典与名著中看到的描述相去甚远，纠结与痛苦也变得愈加强烈，也就慢慢地害怕读下去了。

能读书的、想读书的，恐怕更多也是因为功利的驱使。因为要写论文，因为要晋升，多少总要读点书，写点什么吧。被读书，其实也是因为功利，学校发了书，学校要建“书香校园”组织了读书会，要求教师读书，还要上交“读书笔记”，不读不好交差，不读在考核中还要被扣分，影响晋级，甚至还会影响个人的绩效工资总额。试想，这样的境况下还有多少教师真的去读书?

当然，随着新媒体的出现，浅阅读的普遍存在，也是教师难以沉下来读书的一个原因。

更为重要的问题，恐怕还是在我们的文化传统中，对读书与人的生命发展关系的认识上存在偏颇。要不就是“万般皆下品，唯有读书高”，读书就是为了“颜如玉”，为了“黄金屋”，如果没有得到“颜如玉”与“黄金屋”，为什么还要去读呢?另一个极端就是读书让人“穷酸”，让人“落魄”，遭人讥讽，谁愿意成为“孔乙己”式的“读书人”呢，挣钱过日子才是最要紧的。

阅读是个人的事

其实，阅读是一件很个人的事。读什么，读多少，怎么读，完全取决于我们的个人需要。是强求不得的。只有当一个人意识到阅读与他的生活和生命状态密切相关的时候，他才有兴趣、有毅力去阅读。

阅读的关键是让自己经历实实在在的阅读体验和思考，在体验和思考中改变我们的教育理念，进而改善我们的教育生态和教育方式。我的阅读，总是围绕具体的教育教学问题展开的，因为我不仅不是理论研究者，而且也没有接受过正规的大学教育，充其量只是一个教育实践者。作为实践者阅读的毛病就是泛泛而读，泛泛而读是读不下去的，是没有味道的。要想解决这样的问题，就需要一个抓手，即围绕具体的教育教学问题来读，一方面要“六经注我”，另一方面更要“我注六经”。

我习惯于批注式阅读——边读边画，边读边想，边读边写。我读过的书，大多写满了我即时的评注与反思。我认为批注式阅读的好处在于以读促思、以思促改、以改促写、边写边读。读的时候如果没有自己的思考、判断、筛选与问题，就会变成一块海绵，就只有吸收，管不好还要漏掉。读了想了，不付诸行动，最多只可能成为理论的巨人；当你付诸行动了，理论才可能成为你的认知和经验，有了自己的经验，记录下来，不仅可以与人分享，还可以促进自己对问题的再思考、再认识，写的过程会促使我回过头来再读，甚至驱使我去读更多的书籍。

当我有意识地将自己的所见所闻、所思所想与那些智慧的言辞联系起来，看起来深奥的经典，也就不那么深奥了。慢慢地我们也就有可能变得智慧起来。如果你用心啃了一本经典，那么有可能所有的教育经典对你来说已经不是问题了，因为教育的原点在那些智慧之人的认识里是相同的，只不过表述不同而已，或者说是立场不同、角度不一。一本读透了，其他相关的观点和相左的观点思考一下，自然会有自己的判断和选择。

我的另一个习惯是，同一时间读好几本书，读的时候将这些书的相关内容有意无意地串联起来思考。有句话说“功夫在诗外”，说的是为写诗而写诗是写不出好诗的；同理，身为教师只读与教育教学相关的书是远远不够的。“教育即生活”，身为教师还是应该尽可能多地涉猎一点与教育没有直接关系的书籍，视野开阔方能应付自如，当然首先是教育经典，其次是教育哲学经典，再就是文学、社会学、人类学、哲学和宗教类的书籍了。天下的书很多，我们不可能也没有精力把所有的书都读到。所以我选择读经典。有些书我会反复读，有些书我只浏览一下放在那里，什么时候遇到与之相关的问题，再找出来比对比对。

我还有一个习惯就是及时与人分享阅读的收获与乐趣。当我读到一本好书的时候，我会迫不及待地告诉我远近的朋友，同样我也会时不时地向他们索取他们最近阅读的书目，我不仅会在我的博客、个人网站、QQ 空间，以及我的手机 APP 终端等自媒体平台介绍这些书，推荐我曾经读过的和正在阅读的书，还会利用一切可能的机会推动阅读。比如在一些报刊开设读书栏目，利用外出做讲座的机会推荐书目，在全区教师培训中向受训者推介阅读等。

当我阅读了《收获幸福的教育》《学校会伤人》《教育与效率崇拜》等书籍的时候，我就在我加入的那些QQ群里吆喝，粘贴我的阅读笔记，没想到许多朋友在我的“怂恿”下，也买了这些书籍来阅读。当我在我的个人网站、QQ、微信上分享我所购买和阅读的书籍的时候，常常会收到类似“谢谢您的推荐”的回应，这些回应往往驱使我读得更多、更广。或许这就是我阅读的功利！

分享是一种态度，推荐需慎重

互联网时代，教师们整天泡在信息的海洋中，可他们恰恰也在“Ctrl+C”（复制）和“Ctrl+V”（粘贴）中迷失了教育阅读。浅读、快读、碎读、短读，娱乐式、消费式、快餐式、低俗式……几乎成了所谓“阅读”的写照。众多人生活在信息、数据的海洋中，却又因这极度丰富的资源而受到诅咒，“富饶的贫困”已经成为一种现实的精神反照。

回头对比我那个年代的阅读，那时的阅读是在不断地寻找中发现一本好书，有了心得再与人分享，从中感悟到自己的进步或不足，回头继续改进。所以，如果阅读没有动力怎么办？阅读没有兴趣怎么办？阅读没有成就感怎么办？问题的关键还在于交流，在于分享，在于启发，在于互通有无。《道德经》中说“难易相成，长短相形，高下相倾，音声相和，前后相随”，只有在一个有参照、有坐标、有榜样的世界里，教师精神地图的测量基点才会从井底扩充到井沿，再从井沿扩充到井外。

分享，本是互联网精神的本质所在，所谓“自由人的自由联盟”就体现在这种无私性上，如今也是教师阅读的一种伦理所在。分享并不是简单的“Ctrl+C”和“Ctrl+V”，而是一种审美的传递和濡染，罗丹说“生活并不缺少美，而是缺少发现美的眼睛”，一定意义上，我们无私的“分享”就是一双“眼睛”，把教育之美、教育之善、教育之真从海量信息中打捞上岸，让众人从庸俗化和娱乐化的精神消费中觉醒，变成一个有品位和追求的人。

因此，从另一个层面上说，分享还是一种悄然的引领与关怀。中国每年新出的图书超过 25 万种，如何从中汲取对教师成长有益的营养，其实并不是哪一个“名师”所能完成的，而是需要通过每个人的无私分享共同挖掘。教育“正能量”的传递、教育品质的坚守，以及对基本常识、基本规律的厘清、回归和尊重都可以在潜移默化的分享中完成。只有我们不再束书高阁，不再抱有“藏派”“疆派”的门户之见，充分地发挥互联网时代阅读的分享精神，才有可能为教育打开另一扇门。

从阅读伦理看，我们向外秉持分享的原则，向内则更多坚持个人的“隐秘书单”。每个人的成长，基于资质、环境、经历、学识的种种不同，不可能有一本书适合所有人。一本对你影响深远的书，但对别人而言可能只是匆匆过客；一本在你眼里了了的书，却可能承载着别人的记忆和苦乐。对当下流行的类似“推荐书单”的活动，我一向是持警惕和谨慎的态度，因为自以为是的善意和热心，完全有可能成为对他人的干扰、麻烦乃至误导。人生苦短，而书海无涯，“以有涯随无涯，殆已”。当一个人开始阅读一本书时，他同时付出的机会成本已注定无法收回，但如果这是本与他能力、阅历、志趣不相投的“推荐书”，岂不是一种“谋财害命”？

互联网时代奉行“自由人的自由联合”，如果说“联合”表现为通过互惠行为的“分享”的话，那么“自由”就意味对无数独立个体的尊重，它在教育阅读上就表现为每个人都有私人的阅读史，都有自己的阅读梯度和阅读区间，任何人都无权肆意地给别人推荐自己认可的所谓“好书”，否则就是对基本阅读伦理的蔑视和侵犯。尤其是各种读书会，共读的那本书一定要慎重，否则只能挫伤，乃至压抑同道者阅读的兴趣和思考的热情。只有内视自己，为自己找到那本“最适中的书”才是王道。

（作者系江苏省特级教师，2012年度《中国教育报》推动读书十大人物之一）

垃圾与经典，去留谁做主

杨　林

家里书房较小，这个世界还有许多好书需要我带回家，于是就想用这个暑假将一些没用的书送出去，腾出位置给那些“心中有人”的作者。原本想送去垃圾站称重卖的，但一想这些书里有我的阅读经历，转念之后，觉得还是把它们放到旧书网上，让需要的人取了去吧，也许会化腐朽为神奇。况且，一部部地“离开”也许“痛感”会少一些。在上传书的过程中，我常常是冷汗直冒，何故？垃圾书太多，该扔；经典也有一些，值得留。

一是扔一些心灵鸡汤类的书。心灵鸡汤类的书不是完全没有营养，而是读多了会让读者惰于思考。比如《少有人走的路》读第一本就够了，后面还有一些同系列书，细心的读者会发现这些书到后来连作者都换了。当然还有佛教、道家等的一些关于经典的解读，为什么不去直面经典，而是听二道贩子、甚至三道贩子的解读呢？《于丹〈论语〉心得》为世人所诟病不是一天两天的事儿了。

二是扔一些乱翻译的书。国外的著作，也许更接近某些生存或者生活的原旨，但是因为翻译的缘故就少了许多的“血肉”。比如一些挂着名家的名字实则是其研究生们翻译的书，还比如一些青少年的删改本，甚至于一些大出版社出的套装等等，有时是不值得信任的。读外国的书，需要让自己成为“译本控”，需要名家名译，最好的是译者追随著者一生的那种，比如傅惟慈先生所译的《动物庄园》等，他们那种译著真是“水溶于水”一样。

三是扔一些所谓专家的书。为何在知识饥渴的年代，反而对专家们不待见呢？只源于他们之中有的人“著作等身”。坏就坏在这里——几个月就能倒腾出一本几百万字的著作。古人司马迁花了近十四年的光阴才写出《史记》，修修改改，直至名垂千古。而这些“著作等身”的人能记住自己所写的吗？也许是请人捉刀的。尤其是那些尚在世上却出了作品集的专家学者，他们的很多书读至后来会发现阅读价值越来越低。因为第一本说的和第二本说的大同小异，翻来覆去就那么几个所谓的新观念，有的甚至是盗取了外国人的理念热炒。要是问起收藏价值，这些书几近于零——隔三岔五，他再弄出一本，你怎么办？收，不是一套；不收，缺了一本。这类书在网上除了“乌合之众”类的铁粉，乏人问津也就再正常不过了。

四是扔一些选集类的书。市面上常有教育大腕 XXX 主编的一系列的著作，有时就是收集了一些他的粉丝所写的文字的合集，看似是一种经验的集聚，实则大谬也。就好比“人不能两次踏进同一条河流”（赫拉克利特语），他的文化背景、他的学生的经历、他的这个故事发生的场域等不可能与你重合，于是像这样的书，旧书网上也是卖不动的。

五是扔一些有强权思维的书。常常看见“跟XX学做老师”“教师不可不知的XXX”“XX胜过XX”“XX的话语”“XX的教育名篇”等等貌似是必杀技或速食族一类的书籍非常受读者的欢迎。何故？在这个功利的时代，大家都想读之一蹴而就，而后成为名师名家，自己便可以做一本上述的书，等等，实则忘记了教育这一门学科原本是基于社会学、哲学、心理学等等学科之上的。就教育而论教育，就好比武侠之中的花拳绣腿，一个招式罢了。即便真是误打误撞接近了某种教育哲理，也大抵如同《葵花宝典》之“欲练此功，必先自宫”，割去了对于人性的体验与觉悟。读书，原本就是先触发思考，而后行走，不是为了模仿而模仿。

对于扔去的书，每个人都会有自己的辨识，这里就不赘言了。那么，总有一些“看山还是山，看水还是水”的书籍会留下来。

一是留一些经典的书。比方说《柏拉图对话录》《理想国》等等，是值得收藏的经典书。当然作为一名乡村教师，我对于梁漱溟先生的《乡村建设理论》、费孝通先生的《乡土中国》《乡土重建》等等是倍加爱惜的。不仅如此，还可以借此读一系列关于乡村的著作，比方说《中国在梁庄》《让梦想扎根》《大国空村》等，读之，可切中当下时弊，把握时代的来龙去脉。对于经典，尤其是《世说新语》《庄子》《圣经》等等更应该爱不释手才行。尤其值得一说的便是《心经》，才260字左右，反复吟诵，自然会“其义自现”。即便扑向它一开始扑不上，但终究是朝向大地，亲近了泥土，明白了“大地上的事情”，不亦快哉！

二是留一些民国时期的文化人的著作。像沈从文先生、金克木先生等的著作，他们的家国情怀、国学渊源等总有一方面是值得你深读的。读他们的书，你不仅可以读原作，也可以通过亲近他们的弟子的著作，更好地理解书中真义。正所谓读书知人论世。就拿教育领域里的商友敬先生来说吧，其《眷恋讲台》《语文教育退思录》等书可读，因内有张中行老先生的足印，而其弟子朱煜老师的《讲台上下的启蒙》《教书记》等书也可一读。这些书一脉相承，整体之优劣也大抵可见。这一时期，是现代汉语的发端，对于语文教师锤炼语言，尤为有用。

三是留一些近当代外国教育类的书。比方说关于课程的，多尔的《后现代课程观》、范梅南的《教学机智——教育智慧的意蕴》、诺丁斯的《批判性课程》等等值得收藏。当然，还是少不了《一个称作学校的地方》等等一类的经典。好的外国的教育著作，信息量是丰富的，书后的参考文献不啻为一本读书指南。尤其值得信服的是，在他们的著作之中不仅能感受到教育的存在，更能知道教育的这些枝枝叶叶的根系之所在。不像一些国人的著作，外国的著作即便不是教育领域内的人所写，他们关于教育的文字也仍旧值得一读，因为这里面有他与教育有关的生活记忆和关于时代的记忆，比如说《本雅明论教育》等。

四是留一些各行各业里“见人”的书。作为一名教师只读教育类别的书，那真是鼠目寸光。过去有人说，隔行如隔山。话虽如此，但经验对于能读通读透的人来说，“处处留心皆学问”。比如说，古琴大师成公亮先生的《秋籁居琴话》里那些对人生的启悟，可让我们多识一些弯路，即便识不得，也大可有信心如前辈一样走出来；

电影大师布努艾尔的《上来透一口气》，让我明白如何在镜头里找到公民情怀，作为教师，也可在课堂上捕捉到一些具有公民情怀的镜头；还有写杂文出身的吴非先生之《不跪着教书》……“见人”不等于就是人，其背后是自然，是社会。《寂静的春天》《大地在心》等关于环保的书非读不可，还有《国家的视角》《行动者的归来》等也可读个透。

五是留一些滋养人性的书。比如米兰·昆德拉、卡夫卡等的小说，里尔克、穆旦等的诗歌，米沃什、布罗茨基等的散文，这些诗文看似难读，但读下去却滋养人的心魂。

……

要留下来的书比要扔的书更多，就不一一道来了。

阅读从来就是顿悟和渐悟相辅相成，不久前翻开多年以前我的札记本，看到一句话——有些书，知道个书名也就够了，书名就是观念，余下的光阴留给其他的书册来泡我。

也许我留的书和扔的书都是有问题的，但这是我的问题。一个有个性的读书人，就应该在“喜新厌旧”和“百读不厌”里来回流浪。不管如何，把自己读成一部“开放的作品”便是件挺好玩的事。

其实，垃圾或者经典的去留不是由读者说了算，而是写书的人对于时代和个人的责任等方面确定的。我在读的时候逐渐有了选择，有了阅读的方向，也有了自己的去留，自然好书留下来的越来越多，用它们来滋养自己的教育人生，从而挤除一路读来所中的“毒素”。

（作者系江苏省南京市溧水区明觉小学教师）

教师应为自己构建一间书房

刘　波

有人说，看一个人的书房，就可以看出他的品位。苏霍姆林斯基在《给教师的建议》一书中，有这样的一句话："如果教师没有把学生领进自己的私人藏书房，如果没有使他在你的精神财富的源泉面前惊异地停住脚步的话，那么用任何手段都是培养不出这种爱好的。"或许，我们很多教师看到这句话，都会感到惭愧。

今天的教师，有多少人有自己的书房？这个答案估计不会很乐观。张文质老师在《教育是慢的艺术》一书中曾引用了福建省某县教育局长的调查数据，结果很令人震惊，60% 的教师家里居然没有书桌。如果教师家里连一张书桌都没有，更妄谈拥有自己的书房了。在《教育是慢的艺术》一书中，张文质老师还提到，他每到一个地方讲座，总要问听课的老师中是否有藏书 1000 册以上的教师。遗憾的是，这样的老师非常少。苏霍姆林斯基是非常强调教师书房的作用的，他认为这是教师精神成长的重要场所。为自己构建一间书房，其实就是为自己营建一个专业成长的高地。

前年，我家里要换一套大一点的房子。全家去看房子的时候，我发现有一个很不错的书房，比自己原先的书房要大很多，并且有现成的大书橱，我就投赞成票了。这样，我就拥有了一个更舒适的书房，有了一个更强劲的精神空间。

书房是一个空间概念，无论大小，无论奢华或简单，最为关键的是书房中的实质内容——书。

关于藏书的意义，互联网脱口秀节目《罗辑思维》的主播罗振宇有这样的说法："这是构筑个人知识世界的一砖一瓦，我就是愿意它们陪着我。当自己需要的时候，这些书就是自己借力的一个点。"

前人说"书非借不能读"，那是书籍缺乏时代的无奈之举。在书籍可以非常方便地获得的今天，有人提出"书非买不能读"。总的来说，读自己的书自由。读借来的书匆匆忙忙，往往浮光掠影，读不出真义。读自己的书，快慢随己，从从容容，仔细琢磨，慢慢品味，阅读效果自然更佳。

国家督学、原江苏省教科所所长成尚荣先生曾写过《书买来是为了以后读》一文，我深以为然。在这篇文章中，成尚荣先生提到，喜欢和需要是爱书的两大理由。需要分为立即需要和以后需要，有些书买了就是为了以后需要，这其实是一种知识的储备，是对未来的一种准备。因此，他看到自己喜欢的书，就会立即买来。

我觉得成尚荣先生的话说到了自己的心坎上，这样自己看到买的书并没有及时看时，心里也就没有"负罪感"了。当这样的书一日日累积起来，承载这些精神财富的书房就慢慢成形了。

那么教师的书房该摆放哪些书呢？

书房既作为教师精神成长的场所，它的内容物自然应该是有助于促进教师成长的书，也就是教师在需要的时候可以借力的书。教师的书房不应像某些官员和老板的书橱那样，只是用一些精装本来装点门面。

教师构建自己的书房需要与自己的阅读结构结合起来。在教师的阅读结构上，本体性知识、教育教学知识、人类基本知识这三个分类得到很多研究者的认同。《教师阅读地图》一书给出的阅读比例依次是 50%、30% 和 20%，《教育时报》总编辑刘肖也持同样的观点。当然，教师在实际阅读中没有必要严格按照这样的比例，只要在阅读的时候，根据自己的实际情况，兼顾这三个方面的书就行了。

尽管现在很多人都在大力呼吁教师的阅读不能局限于教育类，要学会跳出教育看教育，要注重自身的精神成长，这无疑是对的。但是现在教师专业阅读不足的现象同样也不容忽视。人大复印资料《中小学学校管理》2014 年第 10 期曾全文转载了《上海市中学班主任阅读现状的调查研究》。该调查结果显示，班主任的专业阅读状况非常不理想。而班主任首先是学科教师，因此班主任的阅读要求比一般的教师则更高一些。该调查的主持人非常担忧，因为当教师的阅读跟地铁上随便拉一个人的阅读状况差不多的话，那么教师的专业性又何以体现呢？

至于具体的图书，除了平时书店所见，教师也不妨关注一下相关媒体的几个榜单，以便帮助自己缩小检索范围。每年年底，《中国教育报》会开展“教师喜爱的 100 本书”评选活动，中国教育新闻网会开展“影响教师的 100 本书”评选活动，这两项评选又都会评出十佳图书。比如，《教育魅力》《一盏一盏的灯》《教师第一课》《做一个心理健康的教师》《罗恩教师的奇迹教育》《面向个体的教育》《课堂上究竟发生了什么》等，都曾是这两项评选评出来的十佳图书，不妨关注。此外，《中国教育报》《教育时报》等教育媒体阅读版面或栏目推荐的书，也可以留心一下。

（作者系浙江省宁波市镇海区仁爱中学教师）

语文教师仅读语文论著是不够的

罗怀海

一个语文教师读书的厚度，决定了他站在讲台上的高度。在国家大力倡导全民阅读的今天，教师理应成为全社会读书的榜样。中小学教师该不该读书，不是一个问题。但中小学教师该读什么书，却是一个见仁见智的问题。

书是粮食，还是药？刘向说过：书犹药也，善读可以医愚。读书可以明志去蔽；读书可以增长见识；读书可以丰盈生命，提升自己的精神境界。著名儿童作家童喜喜却说：书是粮食不是药，读书应该成为一种生活的常态和习惯。两种说法各有各的道理，认识不同，但并不影响人们的阅读。

读书做人是中国文化的传统。诚心、正意、格物、致知、修身、齐家、治国、平天下，是读书人的梦想，也是读书人的家国情怀。文字的背后是人格，是作者的心灵世界。如读杨绛先生的文章，会体察其宁静平和；读叶嘉莹的文章，会敬仰其家国情怀；读资中筠的文章，会敬佩其责任担当。读书为人的精神成长“垫底”，让我们变得更讲理，更善良，更人性，对社会更有用。不同的书造就不同的读书人：有的读书人一团和气、一身正气，满满的正能量；而有的读书人却有暴戾之气，狭隘偏激，强词夺理，像个火药桶。这与个性有关，也与读书有关。

读什么书，还和读者的年龄、阅历有关。张潮曾言："少年读书如隙中窥月，中年读书如庭中望月，老年读书如台上玩月"，阅历的深浅决定所得的深浅。对于读书人而言，最理想的状态是无关功利，随性读书，读杂书，读无用之书，读天地之书。但对于中小学教师而言，可能更多的还是要读自身需要的书。

在我看来，中小学教师的阅读有两个原则：读基本的书，读经典的书。

以中小学语文教师的阅读为例，年轻教师可以先读苏霍姆林斯基的《给教师的建议》、李镇西的《做最好的老师》、魏书生的《班主任工作漫谈》、佐藤学的《静悄悄的课堂革命》，以及窦桂梅、余映潮、黄厚江、王君等名师的课堂教学实录。

在此基础上，可以读文本解读、反思教育以及代表目前专业水准的书。如对中小学语文教师而言，最好读读孙绍振的《名作细读》、吴非的《不跪着教书》、王荣生的《阅读教学设计的策略》、荣维东的《交际语境写作》等书。

再上一个台阶，可以读叶圣陶的《叶圣陶语文教育论集》、钱理群的《中小学语文教材中的鲁迅作品解读》、倪文锦的《教材改革与文化强国》、王荣生的《语文科课程论基础》。

在读了上述这些书的基础上，可自由选择自己的阅读，如我自己选择的是《莫砺锋诗话》、叶朗的《文章选读》、王剑冰选编的《百年百篇经典散文》等书。

在我看来，一个语文教师仅仅读教育著作和语文论著是不够的，应读古今中外大量的优秀文学作品，如课标中推荐的课外名著和教材中涉及的名著导读。近年来，莫言、阎连科、刘震云、曹文轩等作家纷纷获奖，作为语文教师，应熟读他们的代表作品。

正如林语堂所说：一个读者应该有自己喜爱的几个作家。就像方方在《喜欢苏东坡》中所写：如果我有幸生活在苏轼的年代，我一定想方设法嫁给他。如我，不管东南西北风，我坚持喜爱鲁迅，喜爱沈从文、陈应松、罗伟章、阿袁、付秀莹。喜欢几个作家，熟读他们的作品，是一件多么惬意的事啊。

读书，不能“让自己的大脑成为别人思想的跑马场”。作为中小学教师，适当读读《通往奴役之路》《乌合之众》《娱乐至死》之类的书，是大有必要的。这些书至少可以让我们审察自己身边的生活，让我们不盲从，不跟着起哄，学会几许慈悲与宽容，留得几分清醒和独立。

读书是美好的。《白鹿原》里朱先生的晨读，全神贯注，如痴如醉，如同进入仙界，读书已经不是他的需要，而是他生命的一部分。顾随在济南一个杂货店门口看到一对贫穷的夫妇读书，感到“天使连开神光，展起双翅，在他们头上飞来飞去。四围的空气都变得神圣而甜美！”我最近执教的“书卷多情”群文阅读课，引导学生读冰心的《谈读书》、程乃珊的《阅读是最有情义的》、严歌苓的《读书与美丽》、黑塞的《读书是获得教养的途径》等文章。我的愿望是培养“读书的种子”，让他们在今后几十年的人生中，能不时回想起有那么一个春暖花开的时节，师生一起愉快地谈论读书的情景。

读书是语文的第一要务。正如温儒敏所言：读书好比思想爬坡。孩子的读书是需要引导的，需要踮起脚尖够一够。我很喜欢曹文轩的一段话：一个好的读书人，读到最后会有那样一个境界——知识犹如漫山遍野的石头，他来了，只轻轻一挥鞭子，那些石头便忽然地受到了点化，变成了充满活力的雪白的羊群，在天空下欢快地奔腾起来。

关于读书的文章实在太多，也是一个永远谈不完的话题。我愿意借用熊培云的八个字，作为本文的结束：我愿此生，辽阔高远。

（作者系四川省古蔺县教师进修学校中学语文教研员）

教师专业阅读常用思维方法摭谈

孙贞锴

中小学教师专业阅读自然需要讲究方法，而其方法不能仅仅止步于一般的通论。教师专业阅读质量说到底是一个思维质量的问题，专业阅读的思维品质对阅读质量高低有着很大影响。作为阅读思维方式具体而集中的体现，专业阅读的思维方法至关重要，思维方法跟不上或者不对头，阅读研修的效果往往也会打折。所以，有必要对专业阅读的思维方法做深入研究。在此，笔者想谈谈教师专业阅读思维展开过程中几种常用、实用的操作手段和具体呈现方式，以期对中小学教师阅读研修提供有益参考。需要说明的是，在此谈及的只是相对较常用的几种思维方法，意在抛砖引玉，这方面还需大家在相应的实践研究中做出更进一步的探讨与开发。

方法一：比较辨析

比较辨析是为了发现矛盾、揭示矛盾、挖出隐藏在内部的东西，我们要对事物有具体深入的了解和新的认识时更需要比较辨析。

在针对单一文本的阅读研究中，比较辨析的方式一般有两种，一种是“内部比较辨析”，一种是“外部比较辨析”，两者是相对而言的。例如，叶黎明教授《写作教学新论》是一部难得的写作教学论著作，其中精辟之论比比皆是，但也存在些许瑕疵。比如，书中对散文有多处论述，其中有两处——

散文、传记乃至一些历史著作中，也往往会有细节的虚构。（179 页）

尽管我们很难对“散文”下一个确切的定义，但是，关于散文的基本特征，是没有异议的，那就是“散文就是非虚构的简短写作”，它排斥虚构。因此，在课堂上教学生用虚构来对付散文写作，是不妥当的。（260 页）

显而易见，前后表述存在矛盾，散文到底应不应该虚构，未有定论。即使允许虚构，怎样才算合宜，也不得而知。在这种情况下，更需要通过与其他有关论述做进一步的“外部的比较辨析”，以对问题做进一步澄清。

尤其是针对有根基性质的经典作者、经典书目的阅读，当有了一定阅读积累，对相应书目回读到一定程度、认识有所递升之际，就要尽可能注意内外双维度的比较联系，而此时的阅读已经带有主题研究色彩，可以说是阅读学习的更高层次。

比较辨析的方向主要有二，一是“同中求异，异中取同”。譬如，帕尔默在《教学勇气》中谈到了“教学恐惧”，雷夫在《第 56 号教室的奇迹》中也谈到了“恐惧”，克里希那穆提在《教育就是解放心灵》《一生的学习》中也谈到了“恐惧”，这些出自不同作者关于教育教学“恐惧”的论述有什么相同指向，又有什么不同。围绕这个点联系现实，我们还可能对教育教学中关于师生心理沟通、心理品质方面的问题做出更多思考。

比较辨析的另一方向就是“异中求真”。比如，针对上课的紧张程度，国内外有关方面的表达在观点主张上是不同的——

A. 国内一度流行的经验说辞

“堂堂清”“上课要像考试一样紧张”。

B. 苏霍姆林斯基《给教师的建议》第55条《逐步养成儿童从事紧张的创造性脑力劳动的习惯》

有些教师认为，能在课堂上造成一种使儿童“经常处于智力紧张状态的气氛”，就是自己的成功……所谓“在课堂上不浪费1分钟”“没有一时一刻不在进行积极的脑力劳动”，可能在教育人这件精雕细刻的工作中，再没有比这种做法更为有害的了。教师在工作中抱定这样的宗旨，那就简直意味着要把儿童的精力全部榨出来。在上完这种“高效率”的课以后，儿童回到家里已经疲惫不堪了。他很容易激动和发怒。本该让他好好地休息，可是还有许多家庭作业等待着他。儿童只要朝那装着课本和练习本的书包望上一眼，就感到厌恶。

C. 马克斯·范梅南《教学机智——教育智慧的意蕴》

消极的紧张是那种不能深化自我感觉而是简单地损耗孩子智谋的紧张。消极的焦虑、困难、紧张伤害着孩子，而不是加强、增加、巩固孩子的成长与成熟。

D. 巴班斯基《论教学过程最优化》

课堂情绪应当保持较高的紧张状态，同时也不能超过一定限度，否则就会显出过度兴奋、装腔作势等现象。

在一堂课上不断激发学生发挥主动性和使用精力，往往使这种精力和积极性在下一节课急剧衰落下来，任凭其他教师花尽力气来鼓励也无济于事。

上述主张侧重何在，究竟孰是孰非，谁更贴近课堂本质和学生身心发展规律，大家通过比较辨析，结合自身教育教学观察与体悟，想必自有明断。教师阅读最可怕的是接受秉持一种封闭单一的论调并自以为法宝，因为看不到更科学明智的见解而故步自封，甚至对其有所抵触，这是很值得警惕的不良倾向。

还要注意的是，在纷繁的比较中我们常会发现一些趋近“共识”的元素，这些“共识”其实还存在两种可能：一种是经过学理探讨、实践验证而趋成的比较正确的一致结论；另外一种可能，则不排除是面对某种错误认知、流行认识、权威导向所表现出的集体失误、判断滞后。

上述几种取向还可能存在交错融汇，只是根据研究思考的需要而相对有所侧重。在针对教育教学的检索阅读和学习研修中，这种思维方法其实很常用。比如，在设计一个课题、文本的教学时，在对课题、文本做出自我分析的基础上，可以选取几个典型的名师教例进行比对，再和一般教例比较，从中有所辨析，在求同存异中有所借鉴，进而形成并完善自己的设计。

通过以上分析不难看出，比较辨析需要有一双“法眼”，需要找准聚焦点，确立比较明确的范畴和方向，更要细致入微，不能乱比较、牵强附会地辨析、粗枝大叶地简单比对，唯如此，才可能获得更为科学理性的认识。

方法二：顺势迁移

迁移的意思是离开原来所在地而另换地点或由于自然力作用从一地移向另一地。在心理学中，它指一种学习对另一种学习的影响，指在一种情境中获得的知识技能或态度对另一种情境下知识技能的获得或态度形成所产生的影响。顺势迁移，就是顺着某种情势自然而然发生的迁移，它在专业阅读中表现为一种就近的“移动思考”。

朱永新教授在其著作《书香，也醉人》中提出，儿童阅读选择的中心标尺之一就是“以故事为中心”，在书中33—34页他有下面的论述：

“故事所具有的想象空间和迷人的内容，对孩子理解世界和社会、培养好奇心、训练语言能力以及促进亲子感情等方面，都起着至关重要的作用。

“幼儿阅读的书目，在内容上应该以讲故事为主。那些充满趣味、智慧、情感和价值观的故事，几乎能够将阅读的所有重要意义和目的充分实现。

“我们可以毫不夸张地说，人的心理成长就是在浸染故事中开始的。

“在幼儿故事的选择上，既要注重故事趣味性，也要注重在童书类型与阅读主题上的引导。我们也要记住杜威的提醒：如果不引导好奇心进入理智的水平，那么好奇心便会退化或消散。”

以上论述表达的核心观点在于，故事作品对儿童成长具有启蒙意义，对其作品的选择，注重“有趣”的同时还须注重其主题内涵的引领性。由朱永新教授关于儿童阅读故事类作品的意义及其选择取向，笔者顺势想到了教师阅读作品的选择问题。

笔者认为，“叙事”作为人的基本生存方式和表达方式，以故事陈述、叙事抒怀为主导形态的作品同样应该构成新教师专业阅读的主体。作为刚参加工作的新教师，从整个职场生涯来说犹如教师的“童年阶段”，在这一阶段，有人说，从事阅读毫无意义，有人说应该“海量阅读”，笔者则不尽以为然：教师阅读越早越好，但必须把握阶段侧重及其合适尺度。新教师的主要特点往往表现为学科知识、教学知识并不完整，主要以表层加工来解决教学问题，且耗费较多时间、精力。对新教师来说，当务之急是尽快进入教师工作角色，学会正确认识职业理想和职业现实的矛盾关系，由此，基于职业情境的兴趣建立与培养在这一阶段可谓至关重要（并非个人兴趣，有时个人兴趣对此无能为力甚至还有反作用）。所以，这一阶段的阅读，和少年儿童初始阶段的阅读选择具有一定相似性，应以感性阅读为主，侧重于教育情感的培育以及对教育生命、教育生活、儿童心理的基础认知（这一阶段的专业写作与表达取向亦然）。

有鉴于此，大部分文学作品特别是儿童文学作品、教育叙事作品、教育名家传记、基础性教育教学技能书目等相对更适宜。与此同时，同样是叙事作品的阅读，孰先孰后，哪些更具有可读性、更具有比较厚重的内涵，也需要做出斟酌。至于市面上参差不齐的教育叙事与案例作品，特别是对一些带有心灵鸡汤性质、比较粗糙的叙事主导形态作品，则更需要有明智的判别。

由朱永新教授论及的儿童阅读故事类作品选择的意义和原则，笔者随即把思维的触角“移动”到对新教师阅读作品的主导形态及其选择的思考分析上，这就是一种认知上的顺势迁移。这样一种就近扩展、置换角度的思维活动，既拓宽了思维视野，同时也能形成一些有意义的探讨分析。

顺势迁移的关键在于自身在阅读中要擦亮眼睛，不要满足于原地踏步走，要从问题或话题情境中敏锐地瞄准最切近、最适切的“迁移点”，从“原位”（本源话题）和“移位”（移动话题）之间存在的某些内在近似点出发，进而实现新的有效的“移动化思考”。如果顺势之下的“移位”错位或偏离太远，这种思考就无法构成基于“原位”的有效延展，也就无法达成有针对性的深入探讨。比如，由学生说教师闲话，想到课堂之上学生说闲话，这个点看似也较切近（都是“说闲话”），但和学生说教师闲话、教师说同事闲话性质不同，课堂之上学生说闲话属于课堂教学范畴的问题，这种“移动”显然不属于“顺势迁移”。

方法三：关联贯通

关联，就是关联不同事物之间可能存在的具体联系。贯通，就是把表面看上去没有联系或联系不紧密的事物联系在一起。在专业阅读中，对不同思维取向的材料要考虑个中可能生发的联系，而针对同一材料，也要考虑材料本体取向与其他取向之间可能存在的联系。

《布鲁姆教育目标分类学（修订版）》中把学生对所学知识不能与其他知识和自身生活实际有效关联的情形称之为“惰性知识问题”，即学生看起来似乎习得大量知识，实则不会融会贯通，不能以有用的方式把它系统地组织起来。同样，不能够融会贯通的阅读，在本质上也可谓一种“惰性阅读”，教师专业阅读必须从这种“惰性阅读”中走出来，才能到达“思维的中央地带”。

以《诗经》为例，在孔子时代，它的阅读学习，除了文学熏染之外，还有一个重要目的，就是功用性。子曰：“不学诗，无以言。”当时《诗经》的熟习是贵族教育的重要内容，还被应用于一些公关活动。孔子在这方面更是卖力。请看一个片段——

子夏问曰：“‘巧笑倩兮，美目盼兮，素以为绚兮’。何谓也？”

子曰：“绘事后素。”

曰：“礼后乎？”

子曰：“起予者商也，始可与言诗已矣。”

“巧笑倩兮，美目盼兮，素以为绚兮”的前两句是《诗经·硕人》中的句子，本意是说卫庄公妻子庄姜“笑得真好看，长着一双美丽的大眼睛，看上去水汪汪的，脸上可以用素粉来打扮”。子夏问这句话的意思，孔子说：“这是说绘画要先要有素白的质地，然后再画画。”子夏又问：“那么，是不是说礼也是后起的事呢？”孔子因此大加赞赏：“商（子夏的名），你真是能启发我的人，现在可以同你讨论《诗经》了。”那么，礼在什么之后，子夏和孔子都没有说，应该是二者心知肚明。这里子夏说的礼，是指对行为起约束作用的外在形式——礼节仪式。这里说的是礼节在某种东西之后，而这种因素像白底子一样，“礼”如同在这个基础之上的绘画。因此，与外在的“礼”相对的应该是人的内在情操和质地。也就是说，孔子认为，外表的礼节仪式同内心情操应是统一的，如同绘画一样，质地洁白之后略加装饰即可，否则，质地不好再怎么浓妆艳抹、有再多的华丽形式也上不了档次。

我们看一下，诗句本来的主体取向是讲一个女子的姣好，到了子夏这儿，却转移到了对礼、对社会文明的理解，而孔子对此大加称道，孔子实际上是教育弟子读经要从本来没有训诲意味的描写中联系到人生的道理。当时这样的解读很普遍。它体现的阅读思维方法其实就是关联贯通，国学大师梁启超在《读书指南》中指出：“凡此之类，并不必问诗之本事与其本意。通吾之所感于作者之所感，引而申之，触类而长之，此亦锻炼德行增益才智之一法。古人所恒用，而今后尚可袭用者也。”

关联贯通，要有联通的纽带桥梁（往往是相关素材或者研究主题），联通的尺度要合适，要明确从哪个方向上能够产生对应的意义和价值。像前面提到的《诗经》解读，如果在文学作品分析中这样无限制地关联贯通，肯定是不合适的，因为基于赏析的文学解读和基于功用的作品解读根本不在一个维度上，不能混为一谈。

方法四：批判质疑

不能发现问题、四平八稳的阅读往往质量平平，印象也不深。在教师专业阅读中，我们更需要批判思维。无论阅读还是写作，批判都是一种必要的品质。在阅读中必然会形成自己的理解和观点，多多少少说出与别人、与文本不同的话语，这其实就是一种原初的批判。如果你在阅读过程中对文本没有任何批判性，那你根本就不应该读，因为这是对自己也是对文本的浪费。

我们要明白的是，批判不是单纯的否定，否定只可能是批判的一种表现形式，批判的本质在于对话。对话理论的权威伽达默尔把它定义为一种“视域共享”，就是把“我的视域”与“你的视域”交汇到一个问题上，看看我们看到的东西有什么不同。既然有了不同，那就有了差异，有了批判。当然，这种批判是相互的，我们对事物和问题的认识就是在这种相互批判中提高和发展的。因为批判的合理存在和必要张扬，我们在阅读和生活中才有了更多、更广阔的视域。

批判往往需要质疑，而这种情况下的质疑绝不是简单地提出问题，而是在提出问题的同时有自己对问题的探询和思考，用这种探寻思考和所阅读的文本及其相关问题形成对应。就批判质疑来说，常见的表现形式有三种。

（1）否定性批判质疑：就文本提出的事实或观点、认识与行为取向做出明确否定。这一种大家非常熟悉。

（2）商榷性批判质疑：就文本提出的事实或观点、认识与行为取向做出商榷，留有余地，摆出自己的看法。这种商榷必然带有与批判对象有所不同的否定性，但这种否定又留有一定余地，在提出主张时也是非常谨慎的。

（3）补充性批判质疑：就文本提出的事实或观点、认识与行为取向做出补充，肯定原有的观点事实，在这个前提和基础之上对文本原有分析评述不到位、不全面的地方做出进一步思考，以做完善补充。

批判质疑的前提是要对文本及其问题有着充分的拿捏，这样才能找准批判质疑的方向，至于具体方式则要考虑批判质疑的具体前提和相应情态。

如果原文存在明显的事实性、知识性偏误，而且你掌握了充分可靠的证据，那么就可以采取否定性批判质疑方式提出你的阅读思考。

如果原文对某一问题做出了一定的陈述、研究和思考，但某一个视角或者细节未能涉及或涉及甚少，而这一点恰恰是你的阅读发现所在，那么你的分析则一般可以采取补充性批判质疑方式进行。

在自身既具备了一定证据又只是想表明一己之见、考虑可能继续存在的争议时，一般选取商榷性批判质疑方式比较合适，这种方式的语言、思考更为辩证。

尽信书则不如无书，再好的作品也不免偏误或者疏漏。对所读作品征引数据、陈述事实的精确翔实程度加以考核，对所表达的观点思考做出有针对性的思考辨别，这样的阅读往往会留下更深刻的印象。这其中需要注意的是，如果明显涉及具体观点和认知行为取向，也就是带有更大的主观评判意味时，那么，个人认为，一定要谨慎运用否定性批判质疑方式，应该考虑运用商榷性批判质疑方式或者补充性批判质疑方式较为合适。这时候，更不要把在阅读中的批判质疑、自我思考、呈现结论搞成简单的二元对立。一些报刊针对某些教育教学问题列出一些专家学者针锋相对的论调，纵然吸引了诸多读者的眼球，制造了纷争效应，但也很容易造成单极思维。笔者认为，这种做法对教育教学实践和教学研究来说并非一种好的取向。

美国学者艾德勒、范多伦合著的《如何阅读一本书》中指出读者要对“知识上的不同”与“观点上的不同”做出区分，强调读者在阅读时提出不同意见时一定要找到理论基础。艾德勒提出了读者在分析、批评作者观点时的几个特别标准——

▲证明作者的知识不足。

▲证明作者的知识错误。

▲证明作者不合逻辑。

▲证明作者的分析与理由是不完整的。

书中指出：“读者不能任意使用这些评论，除非他确定能证明这位作者是知识不足、知识有误或不合逻辑。一本书（包括一篇文章等具体阅读对象）不可能所有的内容都是知识不足或知识有误的，一本书也不可能全部都不合理。而要做出这样评论的读者，除了要能精确地指出作者的问题之外，还要能进一步证明自己的论点才行。他要为自己所说的话提出理由来。”也就是说，批判质疑必须是有的放矢，决不能为了批判而批判，为了质疑而质疑。

方法五：知性推理

知性是一种介于感性和理性之间的认知状态，就思维方式来说，主要表现为推理。日本知名的文化达人茂吕美耶有一个说法，叫作“历史是知性推理的游戏”，她说“许多知名事件，交织其中的人物角色、来龙去脉，大家耳熟能详，却找不到埋在深处的真相，结果却早已凝冻，但其过程、因素却隐藏着无数种可能”，“借助知识存档，凭着知性推理，我们可以以一千种方式与古人相遇”。

苏武牧羊是一个著名的历史典故，苏武的故事在中学语文课本里也出现过。苏武牧羊 19 年，有过一段异国婚姻，为什么刚烈的苏武没有投降匈奴、拒绝匈奴的荣华富贵却接受了匈奴的女人呢？史上对此语焉不详，但却引起不少学生兴趣。著名语文教师熊芳芳根据已有的一些材料，做出一番梳理、推理，她认为：苏武的异国婚姻是从李陵的首次劝降开始的，而当时李陵带来一个女子，此女子与李陵匈奴之妻非亲非故，同时李陵告诉苏武，你在汉朝的妻子已经改嫁了，苏武失去了最后的支撑，选择再婚并生有一子。这很可能就是后来苏武和李陵保持友好关系的重要原因，也是苏武归汉后李陵在《答苏武书》中告诉他“足下胤子无恙，勿以为念”的原因。熊芳芳老师的这种推理很有趣味，作为一种推想，逻辑上存在一定的合理性。

伟大的哲学家康德说得很明白，知性是主体对特殊的、没有联系的感性对象加以综合处理并且连接成为有规律、有一定条理的知识的一种认知能力。这里，笔者还要补充一点，知性的存在还有两个前提要素。

其一，揭示问题的已有材料还不够充分、不够完整，没有形成明显的链条和内在逻辑。如果是一堆充分的而且能够解释真相的材料摆在这里，即使看上去零散而没有联系，我们也会得出最后的可靠结论。

其二，认知主体本身对已有材料的认知、分析、挖掘和系统解读能力存在欠缺或者处理不够严谨的情况下，他也可能采取这种手段。这也是为什么有些历史研究者在对某些历史问题推论上失当的一个原因。

这样的推理当中可能有一些真实依据，更有一些假设成分；有合理的，也可能有不靠谱的；合理成分中有接近真相，也有就是真相的东西。警察断案在面临证据不足时会做出一些假设，而有些假设推理随着材料证据的不断充实，最后可能就成为真相。最后，伴随证据素材的充实、主体判断能力的渐进，这种推理就可能发展为更高一级的理性分析。因此，知性推理对于锻炼推理判断力、想象力、逻辑分析能力是有帮助的，可以为达成理性分析能力奠定基础。《神探狄仁杰》中每每面临一些案件，在素材零散、远离真相时，狄仁杰总会问："元芳，你怎么看？"元芳略说一二，狄大人只是微微一笑，经过一段时间，最后总是狄仁杰判断最精准，元芳就会说上一句"大人真乃神人也"。其实，狄仁杰并非神人，而是他的知性推理和理性分析的经验与能力超乎寻常，以至达到了一种超乎寻常的灵性。

知性推理是一种判断，但毕竟不能等同于理性、科学的判断。在没有充分、系统的证据素材的情况下，它只能说是一种可以进行的推理。采取这种思维方法，在针对一些事件真相描述简单或者存在疑问、空白的历史文本以及存在较大艺术留白的文学作品的阅读时，做出一些相应的思考分析，还是有意义的。但是，这种推理并不意味着不遵守严谨、合理的原则要求，如果不加分析地乱用，就会造成不严谨的学风，这也就是为什么现在有些所谓的历史剧、戏说，包括有些流俗的所谓历史著作不值钱的原因，这是学者治学的大忌。为此，康德十分深刻地谈道：“（知性）这种逻辑真正说来只是对经验性使用加以评判的一种法规，如果我们承认它是一种普遍地和无限制地使用的工具，并胆敢单凭纯粹知性去对一般对象综合地下判断、提看法和作裁决，那就是对它的误用。”因为这样就有陷入凭空玄想、肆意妄言的危险。

（作者系山东省烟台市实验中学教师）

书评：对话与分享

凌宗伟

读完一本书，多多少少总有一些什么想说的，诸如这本书的主要观点是什么，书中的哪些论断、描述给了自己怎样的收获与思考，作者在表达自己观点时有哪些绝妙的手段，我对书中某些文字有哪些不同的见解等等，将这些写下来，大概就是“书评”吧。不过，也有人认为“读后感”之类算不上“书评”，我以为不必那么苛求，无论是“读后感”还是“书评”，所表达的都是对所读的理解、认识，甚至还有某种意见和批判，只不过各有不同的取舍，或者在行文结构上有一些区别而已。比如，书评必须交代清楚作者、译者、出版社、版本等等，“读后感”可能就不要这么详尽；“书评”有“推荐”的冲动，“读后感”则不一定有，等等。

或许我并没有搞清楚“读后感”与“书评”这两种文体的根本区别，但以我的经验看，无论“读后感”还是“书评”，都离不开与那本书及书背后的那个特定的人，以及诸多相关的人之间的对话。对话的过程中自然会夹杂读者个人的感想与取舍判断等，这些对话感想与取舍判断说出来、写出来，别人听了、看了，就是一种分享，当然，分享的同时也在对话与评论，只不过对话的范围、评论的对象等在分享中可能会发生比较大的变化。

任何一本书都不是单纯的文字符号，不是“死”的东西，每本书都通过文字符号向读者诉说作者的认知、感情、取舍、判断等等，从这个意义上说，每本书都不是沉默的客体，而是一个个会说话的主体。不同的读者对同一本书是有不同的解读的，因为他们有着不同的人生阅历和价值取向，甚至于同一个人在不同的时期和心境下对同一本书也会有不同的解读。但无论如何解读，都不能抛却那本所读的书。

因此，写书评首要的是要在与那本特定的书及书背后的那个人，以及那些相关的人的对话中寻找出那本书中的认知、感情、取舍、判断等等，并将这些介绍给他人。比如，《逃脱框架的教与学：启发课程的想象力》（台北远流出版社 2014 年 1 月版）这本书强调的是“培养想象力应是教育的主要目标”；《专业资本：变革每所学校的教学》（华东师范大学出版社 2015 年 11 月版）表达的则是要变革每一所学校，每一位教师就要努力像专业人士那样教书；《脑中之轮》（北京大学出版社 2005 年 4 月版）主要说的是我们每个人的潜意识中都有一个“脑中之轮”，我们都自以为理解周遭的世界，其实只是被“思维惯性”这个“轮子”给困住了，如果想要真正地认识这个世界，我们就要努力摆脱这个“轮子”。

一篇短小的书评，不可能面面俱到，但要尽可能将一本书的主旨以及作者所持的态度介绍给读者，如《学习的本质》的主旨是要告诉人们学习究竟是如何发生的。作为教师，想要将教学工作做好，光在如何教上花工夫，而不关注学生的学是怎样发生的，说不定只能是瞎忙、瞎教。要想将自己的阅读体验与他人分享，让更多的人了解学习是如何发生的，书评就要紧扣“学习的本质”以及作者在介绍他们的研究时所持的审慎态度。一方面要让读者明白“学习者不是一张教师可以在上面写下知识的白纸”，唯有“学习者通过与过往所有解释和模式相吻合的个体阅读‘框架’来破译课堂上的信息”，教师才有可能在这张白纸上画上最美丽的图画。“当教学被当作一种简单的知识传递时，它便不能引发学习，甚至还会阻碍学习”。另一方面也要将作者关于探究学习的本质、寻求解构模型时审慎的态度传递给作者。写书评时要告诉读者这并不意味着“寻求教育上的万灵药，要是真的有这种药，大家早就找到了”，要把“普适的学习方式是不存在的，把科学学习上的指导性方法和非指导性方法对立起来……同样是可笑的”的提醒介绍给读者。

当然，仅介绍主旨是不够的，每一本值得与他人分享的书，总是有其值得推介的亮点与独到的价值。《逃脱框架的教与学：启发课程的想象力》中“培养想象力应是教育的主要目标”这样的认知，我们并不是不清楚，真正麻烦的是在僵化课程的设置、刻板的考试形式、标准化的答案要求绑架下的教育生态中如何达成这一目标。因此，在写这篇书评的时候，就有必要不惜笔墨重点介绍作者有哪些主张和建议，而不是简单地复述作者的观点。

一篇书评，想要打动读者，除了要紧扣那本书的主旨，将那本书的精彩之处介绍给读者，还要有自己的阅读体验与建议，以引发读者的共鸣，激发阅读的欲望。比如在介绍《专业资本：变革每所学校的教学》这本书时，如果只是扣住做教师要“像专业人士一样教学”，去变革每一所学校的教学以及“专业资本”的内涵是什么来写的话就难免枯燥，而是要反思这些年过于热闹的课堂教学改革，激发读者从专业的视角去审视热闹背后的问题。当然，任何一本书都可能有它不足的地方，负责任的作者，还应在书评中指出其不足，或者为读者提供一些相关的书目，以供读者在阅读时参考。

人的思维总是以某种疑惑、迷乱或怀疑为发端的。杜威在《我们如何思维》中这样说过，从思维过程的一些刺激过程来看，它们是“一种困惑、犹豫、怀疑的状态”，是“一番思索或考察，要查明进一步的事实，借以证实或否定所想到的信念”。这种“冲动”一旦发生，阅读的欲望也就被激发了。只不过书评中的体验与勾连，相比于“读书笔记”要简约许多。因为一个重在“评”，一个重在“得”。我想，一篇好的书评，如果没有评论者的“得”，恐怕也难以调动读者的阅读欲望。

（作者系江苏省特级教师，2012年度《中国教育报》
推动读书十大人物之一）

书之序与书之跋管见

赵才欣

“序”对于书犹如“画龙点睛”，具有传神功效；“跋”（或“后序”“后记”）则可反映成书之心迹故事，亦有后人读者的补充评说。书无序或无跋当然还是书，但如有序和有跋，即可使书增添生命的气息。

我一般认为，一本书的“序”应该是该著作主题领域中的德高望重的“大家”才能够撰写的专业论述，包括评价和推介方面的意见。所以，书成之后，最好能请与本书主题相关领域中的“领军人物”评鉴作序，这对作者和读者都有一定的指导性。如拙作《有效教研——基础教育教研工作导论》，特请被称为中国现代基础教育“活化石”的吕型伟先生作序；《转型的地理课堂——基于资源的学与教》，请在教育及课程改革的理论与实践方面造诣颇深的张民生教授作序，都是出于这样的愿望。他们也欣然应允，这是令我感怀和感动的。当然，我们都知道“领军人物”往往很忙，让他们为书作序不可能都会成为现实。如此，也可以让熟悉作者和作品的同行朋友来作序，专业性也能得到相应体现。

书之序也可由作者自己写，即“自序”，这往往因为作者本身是一位“大家”。一般情况下，“自序”是说明写（编）书立说的意图价值、主要内容、全书重点及特点、读者对象、编写过程及情况、编排及体例、适用范围、对读者阅读建议或介绍对本书编写有影响的人员及致谢等；再版书则还需说明修订情况。但我以为这些内容最好还是作为书的“跋”即“后记（后序）”。如果要置于“序”的位置，则可能称之为“前言”“导言”更妥些。

网上搜索，关于“序言”或“序”如何表达的模板或经典案例都不少，从中可得到许多收获与启示。如果要对如何写序做一些归纳，按本人的认识，则大体可有三种类型。

其一是“解释性”或“归纳性”序。我的高中时代曾有一段时间处于“文革”时期，许多教师被打倒失去了“教”的资格，但他们与几位求知欲强的学生还是私下保持着接触，我当时就是这样的学生之一。有位语文老师要我们夯实语言的基础，建议常阅读《古文观止》，还借了一本老版的《古文观止》给我们。我们首先一起研读这版《古文观止》的一篇“序”，开宗明义的几句是：“古无所谓文也，更无所谓古文也。古文者，古人著作之文章也。观止云者，无以复加之名词也……”这样的序言内容，至今让我记忆深刻，难以忘却，真有让读者对书名“古文观止”内涵豁然明了的感觉。后来我自己买或去书店看到的《古文观止》的几个版本，都没有见着有这样内容的序言。因为读到了这样的序，使我对“古文”和“文言文”之间的区别有了质性认识。吕型伟前辈为拙作《有效教研——

基础教育教研工作导论》所写的序，则对上海乃至中国的中小学教研事业与发展做了简要梳理，对几个阶段的经验做了一定归纳，这也可算作是这一类的序言。

其二是“论述性”序。20 世纪 90 年代，是我国图书出版的一个旺盛时期，我们在教书之余，淘书和看书是必不可少的事，也顺势看到了不少好书。按我的看书习惯，常会先看目录、序和跋等看似外围的内容，而这些内容往往会影响我对书本身的兴趣。当时淘得一本书，其序言让我几度翻阅，感概书的“序”竟然可以这样来写。这本书就是黄世中先生的《古代诗人情感心态研究》，这是一本属于“文集”性质的书，里面收集了从中唐到民国千余年间一些“情感诗人”及其名作的研究论文，包括白居易、元稹、李商隐、韩偓、唐琬（陆游表妹）、王次回、纳兰性德、僧贯休、龚自珍等。据黄世中自己表述：探寻这些诗人一己之恋情及其情感心态，探索他们恋情失落、失意的过程以及社会原因，是其受乃父影响后几十年的坚持。而为该书作序的是陈祖美先生。陈先生写的这一篇序有长长的十二页，九千多字，文中同样涉及了对李煜、李商隐、李清照等研究的内容，还对书中所论及的诗人和作品有所研究，观点鲜明、材料颇丰，所以本身也是一篇有质量的学术论文。据序中介绍，陈祖美写这篇序前，与作者黄世中从未谋面，而能为之作序，缘于多年的文字与学术之交。可见，书的序言也可以是一种学术的交流，一些观点上的讨论。张民生教授为我《转型的地理课堂》撰写的序，阐述了课堂的改革相对教育与课程改革的互动关系，对课堂转型的界定提出了若干具有时代意义的标志，这同样是一篇具有学术观点的论文式的序。我主编的《教学环节改进丛书》，是请中国教育学会副会长尹后庆先生作的序（属丛书序），他也按照自己的一贯风格，从研究的视角谈了对教学环节改进的理性分析，发表了个人观点，也属于“以论为本”的序。我本人也喜欢这样的序，所以，在有些同行同事要我为其大作写点“序”之类的文章时，也是这样尝试的。如为姚伟国的《生活地理新视角》一书，我以“底气是资本，奉献出价值”为题写了一篇短文；为王月萍的《清歌流韵皆育人》一书，我以“忽如一夜春风来”为题写了一篇文言短文。

其三是“若即若离”式的“代序”。写这一类序的原因可能有多种。一种情况是因为对该著作所反映的领域已经有许多论述成果，就选择自己成熟的研究文章代之为“序”，也没有什么欠妥的地方。这种“代序”其实是有专业质量的保障的，对著作本身的学术价值会有“锦上添花”的功效。另一种情况可能是时间因素，因出版的时限，只能以现成的文章稍作改动，虽然也代以为序，但还算是内行的作为。还有一种情况是圈外（行外）人受邀，不好推脱，又怕显露专业上“隔行如隔山”的短板，就将与该著作内容或领域相近的其他文章或研究成果以“代序”供出，其实对读者也可能具有一定的参考性。十年前，华东师范大学的赵中建教授送了一本译作《学程设计——教师课程开发指南》让我学习，那是属于《当代教育理论译丛》中的一册。这套丛书的总序，是由华东师范大学终身教授、现代课程论的著名学者钟启泉先生写的。钟教授的序是一篇题为“作别‘罐装’，走近真实”的短论文，讨论教育译作要如何结合时代和国情的问题，并特别注明是“代总序”。这显然是属于上述第一种情况的“代序”。十年前，上海市美术特级教师程明太先生和香港艺术教育专家林桂光先生一起合编了一本沪、港、澳、台四地中小学、幼儿园《艺术综合教学探究》课例研究集，嘱我为之写“序”。我当然没有资格为此书作序，但也确实难推脱，所以，就围绕课程改革，借组织中小学艺术学习领域课题研究所获的粗浅感受，以“对中小学艺术学习领域课程改革的几点认识”为题写了近两万字的一篇“代序”供方家评。这显然是属于上述第三种情况。

至于书之“跋”，一般都具有写实和故事性的特点，具体内容如前述“自序”所表达的那样。“跋”多数是作者或主编自己写，当然也有他人写的，尤其是一些历史名著的“跋”，不乏后人的力作。现在出版的书中，“跋”这个概念用的少了，一般都称之为“后记”。作者自己写“跋”的方法，按我所见似有三个视角：一曰“释术”，一曰“说事”，一曰“抒情”。

笔者曾在《初中学校教育评估指标研究》（高等教育出版社）的一书完成后，对提出的这些指标做了说明，力图体现六个特点：关注初中阶段学校的整体特性；强调评估指标设计的法理依据；突出义务教育特性的基本标准；体现科学评估理念的系统架构；注重有利素质教育的时代要求；提升办学主体自评的增值功能。这可谓是“释术”之“跋”（出版时作前言，实为后记）。

拙作《转型的地理课堂——基于资源的学与教》的后记，以一句“这是一本被鼓励的‘无心插柳’写就的书”做开场白，具体讲述了书的框架如何在茶室中聊出来，章节内容如何慢慢写出来，稿子最终如何定下来等真实的“故事”，这无疑是属于“说事”

之“跋”了。

我有一位画界挚友舒伯展，曾师从张大壮，浸润青绿山水，后专事大写意，随意生发，笔酣墨畅，清逸简练，神品迭出。但他本人却少时大病致残辍学，入世遭受风雨多难。在逆境中他奋发作为，逐渐创立了自己的独特画风。而到了年近花甲专业发展将达高峰时，他又不意遭遇中风，半身瘫痪。但他稍愈又重新拿起笔，继续丹青妙笔的生涯，抒发其未竟的胸中之情，自称“不倒翁”。在出版的画册后记里，他所抒发的尽是真情实感，读之令人唏嘘。此乃“抒情”之“跋”也！至于一些历史名著上后代人所写的“跋”，多为学术观感之论，不作赘述了。

以上肤浅之见，供方家批评。

（作者系上海市教委教研室原副主任，特级教师）

还是应该啃一点难啃的书

凌宗伟

日本学者外山滋比古在他的《阅读整理学》中是这样看为什么有些人喜欢阅读“读得懂”的文字，而见到读不懂的文字就头大，就逃避这一问题的：“大众传媒如果失去读者就无法立足，只好不断地用平易的写法吸引读者，读者也随心所欲，变得越来越懒惰。”快餐式阅读的弥散，使得许多人只喜欢读“读得懂”的文字，一遇上读不懂的文字便习惯性地放弃，这恐怕就是为什么读了那么多的书，却无长进的缘故。

阅读在某种程度上而言就如吃东西一样，读那些通俗易懂的文字就如喝粥，几乎不用咀嚼就可以喝下去了，这样读着读着，“牙齿”的咀嚼功能慢慢衰减了，“肠胃”的消化功能也慢慢退化了，于是稍微吃上一点需要咀嚼的东西，不仅会感觉“牙口”吃不消，“肠胃”也撑不住。好嚼的东西，吃起来固然方便，但总是吃那些好嚼的东西并不是一件好事，吃着吃着自然身体也就没有以往那么健壮了。

吃东西不能没有咀嚼，阅读不能没有推敲，否则也就无法体会阅读的乐趣，甚至还心生厌倦。

一个阅读者，总是选择“读得懂”的文字阅读，思维就会只在低层次上徘徊。回过头来看，许多“读得懂”的文字，也未必真的读懂了。许多文字原本就不是那么容易“读得懂”的，因为每个人的言辞背后总有他特定的经历、思考与认知，这些经历、思考与认知往往是阅读者所未曾有的。所谓“读懂了”，也只不过是个人当时的体验而已。不同的读者对同一本书，甚至是同一段话的理解方式是不一样的，除了因为人类理解事物的方式本来就不一样的原因以外，还与读者的个人禀赋有关。每个人的遗传基因不一样，家庭背景不一样，生活的社区不一样，接受的学校教育不一样，更为重要的是个人的兴趣不一样。让一个对足球毫无兴趣的人去读关于足球的书，即便写得再通俗易懂，一般他也不会去读，即便读了或许也会有阎锡山那样的想法：那么多人抢一个球，为什么不干脆一个人发一个玩去呢。

阅读的价值除了消遣，更重要的是求知。在知识日新月异的今天，我们的已知早已经无法帮助自己很好地理解这个世界了，如果没有及时进补，早晚是会被这个世界淘汰的。总是不阅读难懂的文字，就无法获得知识的更新，也会阻碍自己的认知，使自己的思想停留在原有的框框中无法逃脱。

一本我们原本不熟悉的领域的书，自己居然能够“读懂”它，除了侥幸，可能还与自己的人生阅历与近期的关注点有关。比如我读《教育与脑神经科学》《基因或教养》《脑的争论》《脑机穿越》

以及关于大数据的书籍就是如此，这些书中专业性很强的那些东西，因为不具备读懂的“个人资本”就没有必要去读懂它，但是作者在这些专业知识的推导下得出的结论，我们可以调动自己的“社会资本”与“决策资本”来帮助自己扫除阅读的障碍。如果因为不熟悉，就不去读它们，就永远只能被这些世界抛在门外。

我们的问题还在于“只能用头脑了解书的内容，根本没想到要在生活中具体实践书中的道理”。许多看起来难以读懂的文字，一旦我们联想到具体的人生经历和社会现实，就会觉得不那么难以理解了。当自己有意识地运用书中提到的某个观点，介绍的某种新技术、新方法的时候，就会自觉不自觉地消除“难读”的意识，转而满怀信心地读下去。

阅读在许多时候，就如解码一样，急不得。总是希望很快地读完一本书，并“读懂”它，其实是一种幻想。阅读需要联想和想象参与其间，要在文字的前后联系中发现其内在的逻辑，寻找表达的脉络，判断文字的价值，获得新的认知。任何一个读者在阅读的时候，总是会有无法理解的烦恼，但当我们硬着头皮读下去，读到后续的文字的时候，往往就会豁然开朗，原来道理在这儿等着！

对具体的个体而言，毫不费力就能“读懂”的文字，往往是没有多大价值的。有阅读价值的文字，往往是要费思量的。像《理想国》《纯粹理性批判》《个人知识》《校园生活》《民主教育》《教师作为知识分子》这些书对我而言就是很难读懂的，但反反复复地翻阅，就会发现这些书中为读者提供了许多读懂它的路径，比如我可以从其提供的文献资料中找到就我现在的“个人资本”能够“读懂”

的与其相关的书籍和文字，也可以在它的表述中回溯相关的历史，反观现实的世界帮助自己去解读。这样断断续续下去，也就慢慢可以“读懂”一点。

阅读，其实就如教育一样，是一件急不得的事。当我们慢下来，“开始用内心的耳朵去倾听”的时候，就可以“无意中听到”作者以及书本中的人物的声音以及知识、技术、故事暗含的意义与价值。《理想国》《优雅的辩论》《正义：一场思辨之旅》《民主、专业知识与学术自由》《游戏改变世界》等，我就是这样“听”过来的。

许多难读的书，是要细细地读、慢慢地啃的。3 万字左右的《康德论教育》，我前前后后读了十多遍，批注做了上万字；爱因斯坦几千字的《论教育》可以说没有一句多余的话，句句经典，每读一遍都有新的感受，前前后后居然做了上千字的批注。像《理想国》《民主主义与教育》《爱弥儿》这样的教育经典，以及《忏悔录》《逃避自由》《社会契约论》《思想录》《人性论》《乌合之众》《我思故我在》《世界通史》《中国文化的深层结构》等比较难啃的书，只要耐着性子去啃，多多少少也是可以“读懂”的。

其实难与不难在乎心，真的想读，并坚持读下去，原本觉得“读不懂”或许就“读懂”了，原本“读懂”了的也许并没有读懂，还需要回过头去重读。

（作者系江苏省特级教师，2012 年度《中国教育报》推动读书十大人物之一）

阅读，与教学相长

吴 奇

我总想，读书就是“学”，学完之后，不去用、不会用，只能当个“两脚书橱”。当读书与教学、教育相长的时候，读书才会进入一种境界。但是，从“学”到“致用”再到“善用”却是个需要不断用心反省、勤于思考、勇于践行的螺旋上升过程。

“你回答得不对！”“错了！”“又错了！”……这样的声音至今还像炸雷一样常回响在我的耳边。开始，学生还能壮着胆回答，受到我如此的“轰炸”后，任凭我怎么“启发”，学生们再也不开口了。

学生为什么不愿意再回答问题了呢？我苦思冥想，但一直无解。而当读到美国戴尔·斯科特·里德利和比尔·沃尔瑟合著的《自主课堂》这本书时，我终于找到了原因。

课堂上，学生有谁能承受一次次的“失败”，又有谁愿意承认自己“无知”呢？随着年龄的增长，学生会对自己的“无知”越来越难以启齿。因为缺乏安全感和归属感，他们受到教师“无情”的打击，要么选择沉默，要么选择逃避学习。

我带着问题，认真阅读，终于找到了让学生重新开口的妙招：教师需要创造能够给学生带来安全感和归属感的课堂环境，让他们认识到，在课堂上承认自己的知识漏洞或错误不是丢人现眼的事——课堂本来就是“允许出错的地方”。我终于明白，过去我太苛求学生回答正确。于是，“课堂本来就是‘允许出错的地方’”成了我的课堂新理念。

在课堂上，我勇敢地撕下教师“全知全能”的面具，轻松地承认自己并非无所不知：“不要向我学习，要向文章作者学习，他们才是你们真正的老师。我无非是一名向导罢了。我也要和你们一起向这些名师学习。”

阅读恰如春草，更行更远还生。

要想彻底解决课堂问题，必须持续地阅读。当读到约翰·D·布兰思福特、M·苏珊娜·多诺合著的《学生是如何学习的》这本书时，我对课堂的理解又进一步了。“你回答得不对”或“说与不说是态度问题，说得好不好是水平问题”，这些都属于课堂上教师对学生的反馈，属于评价。好的评价会促进课堂发展，坏的评价却阻碍课堂发展。

习惯终结性评价的我，彻底地认识到，在教学过程中进行评价的目的，是使教师和学生看见自己的思考过程。教师的评价不单单是终结性的肯定或否定，而应该是给学生提供改善思维与理解的机会。

“曼纽尔，不要擦掉你的这个题。我知道你可能在想它是错的，因为你得到了一个不同的答案，但是请记住，错误帮助我们更好地学习，因为其他同学也会犯同样的错误。”《学生是如何学习的》这本书中这一教学细节又让我学会一招。从只关注答案的对与错转换到关注错误答案的产生过程，这是一种多么高明的教学技巧啊！此后，我不再随意擦去学生错误的板书，我还会告诉学生要保留自己练习或作业中的错题，让它成为“镜鉴”，成为新一轮学习的起点。

“纸上得来终觉浅，绝知此事要躬行。”教学生涯中，遇到“问题学生”是教师很头疼的事。与“问题学生”过招，我们难免会遇到挫折，有时甚至很沮丧。当读完黄武雄的《学校在窗外》，苏明进的《希望教室》，李崇建、甘耀明合著的《没有围墙的学校》等书之后，我发现智慧的互动才是解决“问题学生”的金钥匙。

对“大错不犯、小错不断”的“熊孩子”，我一改过去训斥、罚站、写检查等被动招数，学习台湾苏明进老师的妙法——写“反省单”。在处理“熊孩子”犯错之前，我先让他们写犯错的经过、心里的真实想法，争取让他们自我厘清事情的始末。当孩子们有了反省的诚意后，我再与他们沟通，让他们明白错在哪里，和他们一起商量出解决及补救的方法。这种妙法不但教育好了“熊孩子”，还治好了我情绪冲动的“老毛病”。

写“反省单”最重要的是让学生自我觉醒。教学生怎样反省自己的错误，远比老师处罚更有教育意义。

帅帅是我班里经常搞恶作剧的“坏”孩子，最令老师和家长头疼。我向李崇建老师学习，从“恶”中发现帅帅喜欢画画这一爱好，并抓住了一闪的灵光，让帅帅参与板报、软木墙设计，鼓励他参加校徽设计大赛，给老师和同学画人物肖像画。渐渐地，“坏”孩子帅帅走上了健康发展之路。

由此，我记住黄武雄老师的话：互动，是人了解自己、了解他人和了解世界的最直接方式。

解决自己教学、教育上的问题，最好是先通过读书转变自己的观念，再借用书中的策略。或许，你改变不了某个学生的家庭状况，改变不了社会环境，但用我们的宽容、爱心、耐心、决心和智慧与学生互动，就可以改变他的心灵。

心灵改变了，藏在每个人心中的善的春芽离破土而出还会远吗？

（作者系天津市南开区天津中学教师）

让书香浸润每一位师生的教育生活

汤　勇

阅读对于学生、教师成长的意义，对于教育弊端深度改变的意义，近年来受到了越来越多有识之士的高度关注，很多有良知的教育人也不遗余力地进行着校园阅读的推广。我一直认为，当下教育的主要问题是最应该读书的教育人不读书，并因此对教育造成了很大的“伤害”。读书，是教育勇敢地面对当下和走向未来的不二选择，是教育人自信地行走在教育路上和迈向远方的至上法宝。要走出当下我国基础教育面临的困境，让教育的生态得到很好的恢复，推广校园阅读是最有效的途径。阆中教育用生动的实践和良好的成效很好地证明了这一点。

一说到中小学读书活动的开展，不少局长、校长都喜欢寄希望于所谓的“顶层设计”，好像没有上级的安排部署便不能有校园阅读的开展，甚至在不少人眼中，“读书”相对于“升学”似乎有些“不务正业”；也有不少局长、校长常常以经费投入的制约为借口，要么没有实际的读书行动，要么即使有了读书活动也只是昙花一现。读书活动能否在中小学得到有效开展，关键在于读书在局长、校长的心目中是不是处于重要的位置，在于老师们是不是真正认识到了读书的重要性。认识到位了，就有了推广阅读的办法，就有了克服困难的勇气，就有了坚持不懈的精神力量。

作为区域教育的掌舵人，教育局长读不读书、爱不爱读书，影响着一个区域内读书活动的开展成效，更影响着一方教育的风气。“别人可以不读书，教师、校长不能不读书；别的局长可以不读书，教育局长不能不读书！”这是我经常挂在嘴边的一句话。“在他的眼里，读书对于教师专业成长、教育内涵发展的作用，是不可替代的。而他本人，更是一位痴迷的读书人，无论走到哪里，购书是他必不可少的行程；无论工作多忙，他也要抽出时间读书。”这是《中国教育报》2015年评选“推动读书十大人物”时写给我的话，这样的表达是真实而准确的。读书，不是为了做做样子，它已经成为我生活、工作的一部分，已经成为我生命中不可或缺的一部分。读书不仅促进了我的进步与成长，客观上也对学校的校长、老师们起到了很好的引领与示范作用。在我的带动下，系统上下，机关内外，教师学生，爱读书已成为一种被广泛认可的新风尚。

作为一所学校的当家人，校长直接决定着学校的发展水平与办学品味。爱读书、爱学习的校长，时常向师生传递着儒雅文明的气息，保持着与时俱进、不甘落后的改革锐气；不爱读书的校长，其教育教学的领导水平、日常事务的管理能力是值得怀疑的。教育的职责、使命需要校长们常常反思：当你的知识还撑不起你的事业的时候，是不是应该静下心来读书？当你的能力还驾驭不了你的目标时，是不是应该沉下心来历练？当你的视野还达不到应有的高度时，是不是应该虚下心来学习？校长读书，并让全体师生参与到阅读中来，不仅是自己工作的需要，是自己专业发展的需要，更是对学校长远发展、师生终身幸福的责任担当。

教师的阅读状况对教育质量提升、学校长远发展至关重要。一位教师，就是一盏灯，其光不一定耀眼，但一定能够长久地照耀着孩子们一生的道路。教师一旦站上讲台，就决定了一间教室、一门学科的教育品质。让全社会最应读书的这群人爱上阅读，应成为局长、校长工作的重中之重。

2014 年教师节前，习近平总书记在北师大与老师们座谈时讲到："过去说，给学生一碗水，教师要有一桶水；现在看，这个要求已经不够了，应该是要有一潭水。"从"一桶水"变为"一潭水"，这实际上是总书记在新的形势下对广大教师在业务水平上提出的明确要求。我们所具备的这潭水应该是一潭"永不枯竭的活水"、一潭"营养水"、一潭"复合水"。这潭水从哪儿来？从学习中来，从阅读中来。

一个新的时代正在到来，传统教育模式面临转型。今天的教师应该认识到，学校教育已经穿越了边界，穿越了围墙进入了社区，飘洋过海拥有了世界视野，在历史和未来之间穿梭。教育是面向未来的事业，10 年前我们无法预料现在的孩子可以拿着手机学习，可以在网络世界里徜徉，可以在百度里搜索疑难问题的解决方案，那么以后的 10 年到底会怎样呢？也许我们还无法预测。伴随着互联网和大数据时代的到来，教师和学生具有同等的信息环境，学习的疆界被打破，学习的渠道已不再单一，学习不仅仅发生在教室，教师已不再是知识的垄断者，学生也不再完全迷信教师，跟随教师学习已经不是学生获取知识的唯一途径，当学生面对百度的时候，他就面对了一位全科教师。数字化时代对教师的学科素养提出了很高的要求，教师的自身素养在未来将面临越来越大的挑战。所以，教育与教师都需要重新定义。不读书，不时常更新自己的知识储备，不时常“刷新”自己固有的教育观念，是很难适应不断变化着的社会环境与时代要求的。

高考制度的改革，将引领并推进人才培养模式的转型和变革，使教育从目前的过度关注“分”走向关注“人”、关注“素养”。这对当下的教育提出了新的要求，如何拓展学生的知识面，如何打开学生的视野，如何培养学生的社会责任感、创新意识和实践能力，是每一位教师亟需思考和解决的问题。如果教师不读书，成天浑浑噩噩，沉溺于“应试教育”的泥淖中不愿自拔，对教育中的一些现象不琢磨，对突发的教育问题不研究，一切跟着感觉走，那么，我们的教育人生还能走多远？不读书的教师，是很难在纷繁复杂的教育现象中准确把握教育发展趋势的。

要成为一名学生喜欢的好教师，“书卷气”与高尚的品格、渊博的知识、高超的技能同样重要。苏霍姆林斯基说：“如果你想成为学生爱戴的教师，那你就要努力做到使你的学生不断地在你身上有新发现，如果你过了几年还是依然故我，如果逝去的一天没有给你增加任何的财富，那你可能成为一个令人生厌甚至憎恨的人。”

我们教给学生的知识不是死的知识，而是不断发展、不断更新的知识；我们传递给学生的爱，不是完成任务式的冷冰冰的爱，而是温润的，能带给学生温暖、安全、慰藉的爱。这样的教育教学能力与职业素养，是离不开阅读的涵养与滋润的。我们应当把阅读作为自己专业成长的自觉，在阅读中去接触更加广阔的世界，在阅读中去丰富自己的人生，在阅读中去完善自己的教育教学。

阅读是一种吸纳，可以让我们拥有自己的精神世界，可以促进我们的精神发育，可以涵养我们的人文情怀，可以让我们变得与众不同，可以遇到一个美好的自己。

阅读是一种信仰，可以促使我们不断思考、不断反省、不断成长，而且让我们在是非的研判上更加明白事理，更加坚定信念。北大学者张鸣先生说：“将阅读作为一种信仰，无论任何时候，任何地方，只要不将书丢掉，一切就都不会丢掉。”

阅读是一种改变。读书能美容，读书能养颜，读书是最好的化妆品，是最有效的护肤霜。曾国藩说：“人之气质，由于天生，本难改变，唯读书则可变化气质。”一个人的精神境界、一个人的内心世界和一个人的品位，完全取决于他读不读书，读了多少书，读了什么书。读书可以决定一个人的气质和面貌。

阅读是一种生命体验，可以延伸我们生命的长度，拓展我们生命的宽度，增加我们生命的厚度。

阅读是一种人道主义行为。有研究表明，爱阅读的人常有判断能力和自控能力，语言丰富，思维缜密；不阅读的人往往想法简单、语言贫乏，甚至细胞的分裂都比前者要少。

爱上阅读，我们的教育人生从此便会与众不同。爱读书的老师更是孩子的榜样，在老师们的潜移默化中，我们的孩子一定会“有样学样”，慢慢地喜欢上读书，喜欢上书中的故事、人物、道理。当书香浸润着每一位师生的教育生活时，当书香时时流淌在整个校园时，自然就能成就不一样的师生、不一样的班级、不一样的学校、不一样的教育。

英国作家弗吉尼亚·伍尔芙在《普通读者》中写道，上帝看到腋下夹着书的读者走近时，只能转过身来，不无欣羡地对彼得说：“瞧，这些人不需要奖赏，我们这里没有什么东西可以给他们，他们一生爱读书。”

是的，上天给了我们一把强大内心、打开眼界的钥匙——读书。读书，是一场永不告别的心灵盛宴，是一段永不停歇的成长旅程，让我们尽情地享受吧！

（作者系四川省阆中市教育和科学技术局局长，2015 年度《中国教育报》推动读书十大人物之一）